Confier sa peine à la lune

L‍AURENT L‍ECHINE

roman

Du meme auteur :

L'architecte, 2014
(ISBN 978-2955014516)

« Écoutez !
Puisqu'on allume les étoiles,
c'est qu'elles sont à quelqu'un nécessaires ?
c'est qu'il est indispensable,
que tous les soirs
au-dessus des toits
se mette à luire seule au moins
une étoile ? »

Vladimir Maïakovski

PREMIERE PARTIE
1945

Chapitre 1

SOURIRE D'ENFANT ET OISEAU D'ARGENT

6 août 1945, chaleur torride, cendres partout.

Perdu au milieu des ruines, assis sur le néant, le garçon arborait un visage d'ange. Sans parents, sans famille, sans monde, le destin voulut qu'il survive âgé seulement de quatre ans à la pire folie des hommes : Hiroshima. Il n'est pas nécessaire de préciser de quel drame il s'agit, le nom de la ville suffit amplement pour comprendre. Ses yeux ne clignaient pas, brûlés par l'éclair, mais une larme se mit à naître sur le bord de chacune de ses paupières. Son sourire persistait et contredisait ces deux larmes qui, à l'instant, se transformèrent en perles pour venir glisser sur ses joues.

Souriait-il volontairement ?

À qui pouvait-il adresser cette expression univoque ?

Annihilé, le monde ne pouvait plus renseigner le garçon sur ce qui lui arrivait. Si ce monde avait eu une âme, il lui aurait fait un signe, même mineur. Cela aurait réconforté le garçon, cela lui aurait fourni un peu de courage. Mais rien ne se passa. Souriait-il pour attendre ce signe, son signe ? Il comprenait seulement la gravité du moment : un immense flash, puis le déluge, l'enfer, les flammes, la ville rasée et boursouflée comme les chéloïdes sur la peau des proies. Quant au pourquoi de tout cela, il n'en avait aucune idée. Les grandes personnes parlaient d'ennemi, souvent, mais les grandes personnes sont étranges, et la guerre est une notion bien à elles.

Soudain, une pluie noire se mit à tomber du ciel : le garçon et les momies autour de lui n'étaient plus seuls à pleurer sur ce point du globe.

Quelle opinion un enfant de quatre ans peut-il avoir à propos de la guerre ? Et le pilote de l'avion porteur de la bombe : le colonel Paul Tibbets, s'il avait vu le visage du garçon quelques minutes avant le largage de « Little Boy », aurait-il obéi aux ordres ? Aurait-il compris le sens réel de « Little Boy » ? Il croyait en la chance, et pour cette raison, avait fait baptiser le bel oiseau d'argent ; un Boeing B-29 Superfortress, du nom de sa grand-mère : « Enola Gay ». Mais sa vraie chance aurait été de voir sourire le garçon avant de larguer la bombe. Ce sourire aurait peut-être épargné Paul Tibbets de la culpabilité la plus infinie qui soit, d'un inéluctable syndrome post-traumatique. Peut-être aurait-il évité l'anéantissement du reste de sa vie, et du peuple d'Hiroshima.

Mais qu'aurait-il dit en rentrant à la base s'il avait fait demi-tour ? « J'ai vu le sourire du garçon et je n'y suis pas arrivé », comme dirait un homme atteint de troubles de l'érection devant une femme éclose : « J'ai vu son sourire, et je n'y suis pas arrivé. » Viril ou pas, le colonel Paul Tibbets était un soldat, ne l'oublions pas. Même si derrière chaque soldat se cache un cœur humain, bien à l'abri sous les couches d'uniforme, la peur des officiers, ses supérieurs l'auraient immédiatement sanctionné et réformé. Ils auraient aussitôt refait le plein de carburant de l'avion, changé de pilote, et renvoyé l'oiseau d'argent dans le ciel pour larguer sa fiente. De ses reflets liquides, à une autre heure seulement, ou un autre jour, aurait chuté le petit enfant « Little Boy », furieux d'avoir manqué son premier passage.

Dans le monde de la guerre, on apprécie les faiblesses de ses ennemis, mais pas celles de ses propres soldats. Le simple désir, ou l'hallucination d'un pilote, ne saurait remettre en cause un programme de destruction ayant coûté plusieurs milliards de dollars. Alors, le colonel Paul Tibbets, qui de toute façon n'avait pas vu le sourire de l'enfant, fit ce pour quoi il avait été préparé. Sa mission avait été exécutée à la perfection, et ses supérieurs seraient satisfaits dès son retour, jusqu'au président Harry S. Truman.

Sans le savoir, Enola Gay Hazard Tibbets, sa grand-mère, accouchait symboliquement d'un monstre. Les portes s'étaient bel et bien ouvertes sous l'oiseau d'argent, larguant de manière irréversible la première bombe atomique utilisée par l'espèce humaine contre elle-même.

L'avion rentrait tranquillement à sa base de Tinian, l'une des îles Mariannes, allégé de toute la lumière et la chaleur qu'il contenait à l'état solide. À bord, seul le grondement des quatre moteurs équipés d'hélices spéciales pour tracter Little Boy dans les cieux faisait vibrer la carlingue.

Dix mille pieds plus bas, le garçon souriait quand même. Dépassant tout, il offrait un peu de fraîcheur aux yeux qui le fixaient. Il vit une femme s'approcher d'un mur contre lequel trois hommes pleins de chéloïdes étaient assis. Choquée par cette vision d'horreur, la femme s'évanouit. Plus tard lorsqu'elle se réveilla, elle avait perdu la vue. Seule ses mains et sa douleur pouvaient la renseigner sur l'état de son corps. Lorsqu'elle toucha son visage, elle sentit au bout de ses doigts la chair molle et boursouflée qui le composait.

Le garçon restait figé. Il ne riait pas, mais ses lèvres dessinaient une ligne ondulée si précise et indéniable, que n'importe quel être humain de la planète Terre aurait interprété ce dessin comme un sourire. Des larmes continuaient de couler sur ses joues. Il avait regardé la femme tomber sans que cela ne change quoi que ce soit à son expression.

Pendant ce temps, à quelques centaines de mètres, le docteur Shigetô se remettait de l'explosion. Quel est ce loup dont la cage thoracique est si vaste et si puissante qu'il puisse détruire une ville entière, se demanda-t-il ? Ce ne pouvait être un typhon, ni un orage, encore moins Dieu. Lors de l'explosion, Fumio Shigetô stationnait au bout d'une file de personnes qui attendaient pour prendre un tramway, il voulait se rendre à l'hôpital de la Croix-Rouge où il exerçait. Une infirmière qu'il connaissait lui avait proposé de la rejoindre pour qu'il avance de quelques places, proposition qu'il avait déclinée. Par ce refus cordial, il s'était retrouvé protégé à son insu par l'angle d'un bâtiment solide, chose qui lui permit de n'être que « relativement » blessé. Il fut ébloui par un flash inouï, puis dans l'instant un ouragan gigantesque avala tout sur son passage, provoquant un fracas indescriptible.

Dès qu'il en eut la capacité, il se mit à aider les victimes abondantes autour de lui. Il dut différencier les corps vivants des morts, ce qui éliminait déjà une bonne partie des personnes à traiter. Puis il décida d'établir une logique de priorité : d'abord par ordre de proximité, puis par ordre de gravité. Il examina les blessés, leur donna quelques conseils et tenta de les réconforter.

Il aurait fallu des milliers de médecins, des trains débordant de pansements, de pommades grasses, de médicaments contre la douleur, mais de tout cela, il n'y avait rien. Alors le docteur Shigetô improvisa. Il ne fit que des gestes d'extrême urgence pour limiter les dégâts. Mais seul et sans équipement, il ne pouvait prétendre à aucune médecine curative. Si seulement il avait eu un couteau et une flamme pour opérer des membres… Pour la première fois de sa vie, il ressentit une terrible sensation d'impuissance.

Il ne savait pas encore que ce sentiment deviendrait un leitmotiv de sa carrière.

Le docteur Shigetô ne rencontra pas l'enfant, il ne vit pas non plus son sourire inexplicable. Il n'avait même plus le temps de réfléchir à l'origine de ce désastre, tellement l'urgence monopolisait son attention. Ses gestes mécaniques lui firent oublier la douleur de ses propres blessures, et l'empêchèrent de juger, de condamner l'attaque. Son esprit ne pensait qu'à une chose : agir pour sauver un maximum de vies, ou pour en perdre le moins possible. Il aurait pu se lamenter, se tordre de douleur et attendre qu'on vienne le secourir, mais Fumio Shigetô n'était pas de cette espèce. Il fit ce qu'il savait le mieux faire : être un bon médecin.

L'enfant avait probablement été secouru par des hommes ou des femmes approximativement valides. Son sourire l'avait peut-être sauvé. Personne n'aurait pu croiser son regard sans être affecté par sa profondeur. Un adulte bienveillant l'avait nécessairement recueilli pour pratiquer les premiers soins, pour le tirer de ce tas de cendres fumantes.

À quatre ans, Tsuneo Harada avait déjà compris que seul son visage d'ange pourrait lui permettre de continuer à vivre, ce qui arriva. Il avait saisi que la dignité n'avait pas d'âge, que la lueur émise par ses yeux serait la même, quelles que soient les circonstances, et ce, tout au long de sa vie. Tsuneo n'était pas encore tiré d'affaire, loin de là, car la peste atomique ne faisait que commencer. Il survivait à l'impensable, et son corps se souviendrait à jamais de ce traumatisme.

7 août 1945, brasier furieux, victimes abondantes.

À l'hôpital de la Croix-Rouge, bien que chancelant sur ses jambes suite au choc, au manque de sommeil et de nourriture, le docteur Shigetô progressait lentement à travers les couloirs dont les vitres avaient été pulvérisées par le souffle atomique. Comme tous les Japonais, il avait compris qu'il s'agissait d'une attaque ennemie, mais d'ici à saisir la nature de l'engin employé, il y avait un gouffre. Son corps lui pesait d'une lourdeur insoupçonnée, ses yeux se remettaient lentement de l'éblouissement de cet éclair énorme, mille fois plus lumineux que le soleil. Sous ses pieds, le verre pilé crissait comme si le bâtiment voulait se plaindre, se tordre de douleur.

Fumio Shigetô était venu ici dans l'espoir de trouver un peu de matériel médical, juste de quoi pratiquer des soins légers. Il ne pouvait espérer plus, une transfusion aurait été impossible, une opération, inimaginable. Faute de tout, faute du manque de personnes et de matériel, il était réduit à pratiquer une médecine d'un autre âge. Une étrange sensation le perturbait, il avait l'impression d'être devenu infirmier, voire brancardier. Cette rétrogradation de circonstance le plaçait dans une colère noire.

Il avait accepté ce poste de directeur de l'hôpital de la Croix-Rouge depuis une semaine seulement, et c'était une très belle promotion. Cela voulait dire par la même occasion que, si cette affectation avait débuté une semaine plus tard, il aurait été épargné de l'explosion. Mais à aucun moment il ne pensa à cela. La concordance du temps et de l'espace l'avait projeté dans ce mauvais théâtre ; il acceptait cela sans la moindre plainte. En quelque sorte, Fumio Shigetô « était » Hiroshima, au même titre que les roches, les cendres ou l'eau des sept branches l'Otha. De lui émanait cette envie de vivre, et de faire vivre à tout prix, quelles que soient les conditions de son exercice.

Il descendit dans les sous-sols de l'hôpital en pensant que le souffle de la déflagration avait épargné cette partie du bâtiment. L'idée était bonne, tout était préservé de manière intacte. Paradoxalement, la normalité avait changé de camp ; trouver des endroits épargnés devenait extraordinaire. Le docteur Shigetô s'émerveilla un moment devant un tel spectacle de préservation, comme s'il découvrait une grotte contenant une cathédrale de stalactites millénaires. Il traversa toutes les pièces obscures pour s'assurer de la vérité de sa vision, même s'il ne rêvait pas, tout était resté à sa place. Comme il était de nature logique et pragmatique, il fouilla par ordre de progression des recoins jusqu'alors étrangers à sa connaissance. N'oublions pas que le docteur n'était là que depuis une semaine, le temps lui avait manqué pour visiter à fond le grand bâtiment.

Hélas, il n'y avait pas grand chose de réellement utile aux soins qu'il voulait pratiquer. Pas de pansements en grande quantité, pas de pommades pour soigner les brûlures, pas de médicaments contre la

douleur alors, de colère, Fumio Shigetô ouvrit furieusement un tiroir contenant des clichés radiographiques – comme s'il avait pu y trouver un trésor, ou
que ce tiroir avait été rempli de pansements et se
serait déroulé de manière infinie. Il sortit une poignée
de clichés et les jeta au sol en faisant claquer les
feuilles, c'était une façon comme une autre de marquer son désespoir. Dans le même instant, il se
rappela que la colère et l'énervement ne lui seraient
d'aucune aide, alors, il se baissa pour les ramasser et
les ranger consciencieusement là où il les avait ex-
traits. Si ces gens sont toujours vivants, cela pourrait
leur servir, pensa-t-il.

Lorsqu'il rangea le premier cliché radiographique,
il s'aperçut d'une anomalie importante. Dans la
pénombre, il se pencha à nouveau pour regarder un
second cliché, puis tous les autres. Pour être sûr de
ne pas rêver, il ouvrit d'autres tiroirs, mais à chaque
fois sa vision était la même : les clichés étaient tous
semblables. Personne n'aurait pu différencier la
hanche de monsieur H, de la clavicule de madame T.
Le docteur Shigetô était consterné. Il tenta de capter
le peu de lumière qui arrivait jusqu'ici pour regarder à
travers les feuilles épaisses, et confirmer ce phénomène étrange.

Quelque chose avait uniformisé les radiographies.
Soudain, ses idées s'éclaircirent, ne serait-ce qu'un
instant. Cette explosion avait provoqué des radiations
si importantes qu'elles aient révélé tous les clichés
radiographiques, et ce, à travers l'épaisseur des murs
et des talus de l'hôpital. Cette découverte le rendit

coi, il ne sut comment réagir, et s'assit un moment par terre pour réfléchir. Une bombe avait détruit toute la ville, un éclair avait traversé tous les murs, les organismes vivants, et même la terre. Les personnes épargnés par la carbonisation mouraient de façon inexpliquée et fulgurante.

Le lien entre ces radiations et les étranges symptômes qu'il avait constatés sur les victimes devenait de plus en plus évident. Sa crainte empira après cette déduction. Il se releva et pensa : si mon intuition est bonne, alors je serai confronté à un mal dont je ne sais rien. Même les possesseurs de l'engin maléfique ne semblaient avoir qu'une vague idée de ses conséquences, et encore moins des réactions et des traitements à apporter pour y pallier. Le docteur se trouvait en première ligne, à devoir soigner des malades dont il comprenait le malheur invincible. Pour seuls remèdes, il disposait de sa force d'intuition et de son intelligence. Cela suffirait-il ?

Fumio Shigetô était probablement le premier Japonais à comprendre la véritable nature de l'engin livré depuis le ciel par les forces ennemies. Le travail qui l'attendait n'était pas mesurable, mais proche de l'infini. Il se rassit donc près du tiroir de clichés irradiés pour y penser, y pensa, mais comme si une mouche le piquait sans préavis, se releva aussi vite que possible. En s'interdisant toute complainte, il puisait dans cette force endormie au plus profond de lui pour se battre efficacement contre son nouvel ennemi : la souffrance. Cette puissance de caractère était assurément la meilleure qualité que sa mère lui ait transmise, et si elle était toujours vivante, il aurait aimé la remercier, la serrer dans ses bras.

Ainsi, Fumio Shigetô retourna dans le brasier avec peu d'éléments de soins ramenés de l'hôpital. Il avait soigneusement emballé ses trésors dans un morceau de rideau déchiré pour pouvoir les transporter facilement. Son avancement était discontinu, car à chaque opportunité d'aide qu'il pouvait offrir, il s'arrêtait. « J'ai soif… S'il vous plaît… Monsieur », l'eau comme remède miracle, comme ultime réconfort, presque toutes les personnes rencontrées demandaient à boire. Fumio avait même trouvé une dizaine de carcasses dans la position du chien, lapant désespérément l'eau d'une canalisation rompue. La peau de leurs dos était recouverte de brûlures noires et boursouflées comme si des graines de haricots avaient été glissées dessous. La ville n'était dévastée que depuis peu de temps, mais déjà il commençait à s'habituer à son atmosphère. Il pensa que sa nomination ici une semaine plus tôt n'avait rien à voir avec le hasard, que s'il se retrouvait projeté dans ce mauvais décor, il devait y avoir une raison. Ce territoire nouveau était devenu le sien, et il ne le quitterait jamais.

30 août 1945, bidonville radioactif, pénurie chronique.

Bilfinger, un délégué du Comité International de la Croix-Rouge, arriva à Hiroshima. De ses yeux hagards, il constata l'étendue du désastre. Cela faisait bientôt un mois que la bombe avait explosé, et ce délai lui laissait présager une situation en voie d'amélioration. Or, il n'en était rien. La vue de ce bidonville radioactif croûté de cabanes montées à la hâte avec toutes sortes de débris lui déchira le cœur. Les victimes n'avaient nulle part où aller, elles avaient fait escale aux endroits qui leur semblaient adaptés à la survie, ou plutôt, inadaptés à la mort.

Les membres de la Société de la Croix-Rouge du Japon, mobilisés sur le champ de ruines, transmirent à Bilfinger leur expérience toute fraîche. Ici, on découvrait une nouvelle branche de la médecine. Dès le lendemain de l'explosion, les équipes avaient agi contre le mal mystérieux. Les sauveteurs avaient eu besoin de moins de temps pour comprendre les conséquences de ce mal, que pour décrypter son origine. Alors, ils pansaient naïvement les plaies, désinfectaient avec les moyens du bord sans expliquer les symptômes irréels auxquels ils étaient confrontés. Des victimes perdaient leurs cheveux par poignées, puis mouraient dans la foulée. D'autres saignaient de la bouche, du nez, et se vidaient de toutes leurs substances. Parmi elles, certaines décédaient, d'autres semblaient guérir sans que personne ne puisse dire pourquoi, ni comment.

Les témoignages des équipes de la Société de la Croix-Rouge du Japon, et les visions cataclysmiques, permirent à Fritz Bilfinger de mesurer l'ampleur de l'aide à mobiliser. Il transmit un télégramme à sa délégation pour rendre compte de la situation :

« Visité Hiroshima le trente, conditions épouvantables stop ville rasée 80% des hôpitaux détruits ou sérieusement endommagés, inspecté deux hôpitaux provisoires, conditions indescriptibles stop effets de cette bombe sont mystérieusement graves stop beaucoup de victimes paraissant se remettre ont soudainement rechute fatale due à décomposition globules blancs et autres blessures internes et meurent actuellement en grand nombre stop plus de cent mille blessés environ, encore dans hôpitaux provisoires situés alentours, manquent absolument matériel, pansements, médicaments stop veuillez faire sérieux appel haut commandement allié, priant faire parachuter immédiatement secours centre-ville stop besoin urgent grosses quantités pansements, ouate, pommade pour brûlures, sulfamides, en outre plasma sanguin et appareillage pour transfusions stop action immédiate extrêmement désirable envoyer également commission enquête médicale stop rapport suit, confirmez réception. »

Quelques tentes de service étaient montées çà et là

pour rapatrier et essayer de soigner les brûlures. On raconta à Bilfinger les gestes de premier secours effectués le jour même, puis les jours suivants, la soif, la pluie noire, et des dizaines d'histoires invraisemblables. Un cordon de matériel amené à dos de cheval était arrivé, bien dérisoire. Des médecins survivants avaient procédé à des amputations de membres en charpie. Il avait fallu beaucoup de courage pour être chirurgien dans ces conditions, même si les plus à plaindre étaient les opérés. Certains perdaient connaissance parce qu'il était impossible de pratiquer la moindre anesthésie. Choisir entre une opération à vif et la mort : voilà les deux alternatives laissées à ses pauvres gens. Ces chirurgiens de brousse étaient gavés d'adrénaline sans avoir besoin d'en prendre.

Un mois après l'explosion, tout manquait, surtout l'eau potable. La faim rongeait tous les estomacs, et les denrées mettaient du temps à venir de l'extérieur. Il n'y avait plus de routes, la circulation se faisait difficilement et sans logique. Seuls les câbles électriques plaqués au sol permettaient de deviner la trace de ce qui jadis était une rue. Des carrioles slalomaient entre les tas de gravats, et les chevaux croisaient des amis de leur espèce aux immenses carcasses calcinées. La priorité était faite à l'évacuation des corps humains, que les brancardiers transportaient en masse pour les empiler et les brûler. Des paysans protestaient contre ce traitement : « Ici, on enterre les morts, on ne les brûle pas ! » Les brancardiers leur répondaient : « Il nous faudrait tous vos champs, et vous n'en auriez pas assez pour enterrer tout le monde… » Offrir la dignité d'une sépulture était devenu un luxe inconcevable. Hélas pour l'humanité, à Hiroshima comme à Auschwitz, beaucoup de corps disparurent dans l'opacité d'une colonne de fumée gigantesque.

En attendant que son télégramme soit transmis, et que l'envoi de matériel soit effectué, Bilfinger ne pouvait pas faire grand-chose de réellement efficace. Il s'alignait sur la mécanique de survie des autochtones, accrochés à la vie dans leur malheur sans jamais rien lâcher. Ce fut pour lui une leçon de courage et étrangement, il s'habitua à eux dans ce décor improbable. Il resta un grand moment pour coordonner l'aide humanitaire, afin que les conditions de soins deviennent acceptables. Son action fut néanmoins très utile, et il sut s'adapter aux aléas, aux pénuries dans l'attente du matériel médical. Après cette mission, jamais il ne voulut retourner à Hiroshima, tant les visions affreuses qu'il avait subies étaient définitivement associées à la ville, et même à son nom devenu insupportable.

Le docteur Shigetô reprenait doucement possession de l'hôpital de la Croix-Rouge. On dégageait les débris entassés dans ce qui restait d'un couloir, on récupérait le bric-à-brac pouvant être utile, mais surtout, on entassait les blessés sans solution, et on tentait de les soulager. Chaque jour, des valides accompagnaient des personnes brûlées dont les plaies s'infectaient. Les conditions d'hygiène, et surtout la chaleur, provoquaient d'indécents dégâts ; la bataille ne cessait jamais contre les bactéries et les mouches. Le personnel manquait, les victimes souffraient de diarrhées sans que personne ne puisse changer les draps. Où les aurait-on lavés ? Chaque soir, la tombée de la nuit provoquait des angoisses inconsolables, aggravées par un éclairage insuffisant. Pour eux, la lune représentait la seule source de lumière infaillible, et bien que faible, elle les rassurait en pavanant dans le ciel son disque de cratères.

Malgré ce traitement, personne ne fut méprisé, car tous ceux qui pouvaient aider à quelque chose, si petite fut la chose, le faisaient sans rechigner ni juger. Fumio Shigetô travaillait son moral d'acier, il avait parfois des rechutes non contrôlées et semblait envahi d'une colère intérieure si forte que les murs tremblaient autour de lui ; plus personne n'osait lui adresser la parole. Dans ces moments, il pensait que quand même, pour gagner cette guerre, il devait exister une autre manière, que jamais ailleurs dans le monde les hommes n'avaient provoqué un malheur si dense et si soudain à la fois.

Chapitre 2

TSUNEO ET LE RIRE

1 septembre 1945, cabane de fortune, ciel voilé.

Tsuneo regardait la femme avec insistance, comme il était le seul à savoir le faire. Il la fixait, battait la mesure du temps qui passe avec le cillement régulier de ses paupières. Assis en face d'elle, immobile comme un pantin dans un grenier, il semblait éteint. Mais pas de doute, ses yeux pointaient vers ceux de la femme. À force d'insistance, Tsuneo arriva à ses fins, il fit apparaître un sourire sur le visage de la femme, puis quelque chose de plus fort : un rire. À la manière d'un hypnotiseur, il réussit le défi impossible de faire rire une personne à Hiroshima peu de temps après la bombe. Là était son talent. Il avait tout compris de l'empathie, son intelligence émotionnelle était déjà grande.

La femme riait toujours, elle ne pouvait plus se contrôler. Pourvu que personne ne m'entende, pensa-t-elle.

Puis c'en fut trop, ce rire n'était plus supportable, plus en ce monde.

— Arrête de me regarder comme ça, dit-elle brusquement avant de se calmer, et de pousser un long soupir. Pourquoi fais-tu cela ? Tu es le diable ? Quelle idiote je suis de t'avoir ramassé.

Tsuneo baissa les yeux, il n'avait pas choisi cette situation. Même s'il était petit, il comprenait beaucoup de choses. Il voulait la faire rire pour la réconforter, mais au lieu de cela, elle s'énervait. Peut-être devrait-il cesser de la regarder comme il l'avait fait. Il ne savait plus parler, le peu de mots qu'il connaissait s'était évaporé. En exprimant toute sa gratitude à l'aide de ses yeux, il se faisait mal comprendre. La femme était blessée, mais Tsuneo ne comprenait pas pourquoi, il lui semblait normal de rire, ce n'était pas un miracle du tout mais quelque chose d'ordinaire. Comment peut-on rire dans de pareilles circonstances ? pensa la femme en détournant son regard de l'enfant pour se reprendre. Après beaucoup d'efforts, elle afficha un faciès impavide. Le mieux dans ce cas était de changer de sujet, la diversion est parfois utile :

— Nous allons trouver du riz. Il paraît qu'à l'ouest, certains en ont volé à l'armée, lança-t-elle avant de porter Tsuneo dans ses bras. Oh, tu es trop lourd, et j'ai mal aux mains. Tu vas marcher !

Elle reposa Tsuneo. Il ne put même pas lui tenir la main, car les mains de la femme étaient recouvertes de brûlures purulentes, et pour cause : elle s'était protégée de l'éclair en cachant son visage. Il suivit la femme sans jamais s'éloigner d'elle, comme Thésée du fil d'Ariane. Elle marchait étrangement vite pour quelqu'un de blessé, et Tsuneo dût courir derrière elle, à moins que cette vitesse ne fût une impression ressentie par son petit corps d'enfant, un simple problème d'échelle.

— J'ai gardé mes yeux, mais j'ai perdu mes mains, dit-elle lascive. Qu'est-ce qui est le plus utile à ton avis : les yeux, ou les mains ?

Tsuneo la regarda sans répondre. Cette fois, il fit très attention de ne pas la faire rire, sa survie en dépendait et il l'avait bien compris. Sans pouvoir tenir la femme aux mains brûlées par la main, il avança en marchant de toutes ses forces. Pas facile de suivre un fantôme.

Qui était cette nouvelle mère, cette femme dévouée comme une lionne récupérant l'orphelin d'une congénère défunte ? Tsuneo n'en savait rien, il regardait la femme et c'était tout. Faire plus aurait été au-dessus de ses moyens. Son visage tendu ne l'impressionnait pas, contrairement aux horribles monstres vus dans les ruines, des créatures qu'il n'aurait jamais osé imaginer dans ses cauchemars les plus sombres. Non, le visage de la femme semblait triste, mais rassurant, heureusement épargné par les brûlures, grâce à ses mains. Elle tenta de dissimuler les grimaces provoquées par la douleur à chaque mouvement de poignet, si infime fut-il. La dignité et l'honneur persistaient sans condition, et même dans ce lieu infâme, la femme tentait de donner une bonne apparence d'elle-même.

Ainsi, ils revinrent à leur point de départ après des heures d'errance, rapportant une petite quantité de riz à cuire en bouillie abondamment diluée. C'était déjà une chance de pouvoir manger quelque chose, et personne n'aurait osé se plaindre. Mais le pire était la soif incessante, c'était toujours aussi difficile de trouver de l'eau potable par ici. Dans la rivière, des poissons montraient leur ventre à la surface, mystérieusement morts. Ceux qui avaient trouvé un repas potentiel avec ces poissons moururent à leur tour. Cette nourriture semblait contenir un poison inexplicable, mais redoutablement efficace. La femme résista à la tentation d'y goûter, sa nature méfiante l'aida dans cette tâche, Tsuneo ne l'avait pas choisie par hasard.

Après la limoneuse bouillie de subsistance, la femme fut enveloppée d'une irrépressible envie de dormir. Cela était sans doute provoqué par la faim, et la fatigue accumulée devenait peu à peu irrésistible. Elle s'endormit sur le côté, Tsuneo vint se lover contre le creux de son ventre, clos ses grands yeux pour y rêver comme rarement.

Lorsqu'elle se réveilla, la femme sembla paniquée, comme piquée par un scorpion invisible. Elle se leva brusquement, puis se tordit dans tous les sens : ses mains brûlées la rappelaient à l'ordre. Tout en dansant de douleur, elle s'écria :

— On va atteindre un village, on ne peut pas rester ici éternellement, il n'y a rien. Personne ne nous aide. Que font les autorités ? Elles sont nulle part. Qu'est devenue notre nation : un tas de ruines ? J'ai honte, nous devrions tous avoir honte. Viens avec moi petit, on s'en va.

Tsuneo la suivit, s'habituant doucement à son rythme rapide. Ses brûlures la faisaient trotter encore plus vite. Ils partirent tous les deux pour trouver de quoi résister à cette épreuve imposée par l'Histoire.

— Il est même probable que l'armistice soit signé après un tel désastre. Quand j'y pense, mon cœur me fait souffrir autant que mes mains, dit la femme à Tsuneo.

Il n'osait plus la regarder dans les yeux, de peur de la faire rire. Elle ajouta :

— Et toi, pourquoi je t'ai avec moi, je ne connais même pas ton prénom ? Je suis une idiote.

Pourtant, la femme savait précisément pourquoi l'enfant l'accompagnait ; son propre fils n'avait pas survécu au feu atomique, et Tsuneo l'avait regardé d'un regard si magnifique, que rien n'avait pu l'empêcher de prendre cet enfant à ses côtés comme s'il s'agissait du sien.

— Alors, comment t'appelles-tu ? lui demanda-t-elle. Dis-le-moi ou je t'abandonne ! Il y a des milliers d'enfants ici, des milliers d'orphelins qui attendent une mère. Je n'ai pas besoin de toi. Ce sera facile de te remplacer !

Tsuneo n'avait plus le choix, et capitula naïvement. Il répondit avec sa voix aigüe d'enfant : « Tsuneo » et la colère de la femme disparut.

20 septembre 1945, les cheveux dans la main.

Accompagnée de Tsuneo, la femme arriva à l'hôpital de la Croix-Rouge. Ses mains la faisaient toujours souffrir, et les mouches revenues n'arrêtaient pas de se poser sur ses plaies pour y pondre. Mais ce qui inquiétait la femme n'était plus ses mains, elle s'était accoutumée à cette douleur désormais chronique, et l'état de ses plaies s'améliorait légèrement. Non, la tracasserie du jour venait d'en haut, de son crâne. Par poignées ses cheveux se dissociaient de son cuir chevelu. À ce rythme, il ne faudrait pas longtemps avant qu'elle ne devienne entièrement chauve, et cette arrivée à l'hôpital n'eut rien de rassurant. Voir les peaux lisses, culminantes et sans mélanine d'autres femmes, lui provoqua quelques montées d'angoisses. L'évolution n'ayant que deux sens : l'amélioration ou la chute – la stagnation étant depuis toujours étrangère à la vie humaine –, cette avalanche de cheveux semblait présager le pire. Avec son intelligence émotionnelle hors pair, Tsuneo avait compris depuis longtemps la décadence de cette femme. c'était une question de délai, mais elle se battrait sans doute jusqu'au bout, y compris lorsque ses forces seraient décrues ; question de caractère.

Le docteur Fumio Shigetô arriva en ce lieu. Il balaya d'abord Tsuneo du regard, ne vit rien de problématique sur le corps de l'enfant, puis inspecta la chair de la femme d'un oeil plus scientifique que médical. Les bras tendus au-dessus d'elle comme un magnétiseur ou autre chaman, il s'approcha de son crâne en retroussant ses manches, puis balbutia une faible quantité de mots appartenant de près ou de loin au champ lexical de la normalité. De quelle incantation s'agissait-il ? Et pourquoi parler de norme dans une situation nouvelle comme celle-ci ? Il évalua les alarmes biologiques émises par le corps de la femme, prit note des brûlures qui rongeaient ses mains, releva une certaine force de caractère, mais pour ce qui était du traitement, il ne pouvait rien proposer. La femme cobaye dévisagea le docteur, elle savait, comme tout cobaye, que le risque de mourir n'était pas nul. Elle n'avait pas touché de prime pour réaliser cette expérience, pas de dédommagement non plus, tout juste aurait-elle droit à son carnet de santé pour « personne fortement irradiée », si elle ne mourrait pas avant qu'il soit rédigé. Fumio Shigetô s'endurcissait progressivement, il s'habituait à ces créatures étranges et irrationnelles, aux odeurs indescriptibles, mais une chose le turlupina au point qu'il ne pût s'empêcher de poser cette question :

— C'est votre fils ?

— Mon fils ? Non. C'est un enfant, rien qu'un enfant, comme on en trouve des centaines ici, répondit la femme outragée.

— Mais ce n'est pas votre enfant ? Vous en êtes absolument sûre.

— Aussi sûre que je revois mourir le mien docteur, le vrai. Aussi sûre que mes cheveux tombent, ce n'est pas mon fils. Personne ne sera plus jamais mon fils. À la terre, dans les cendres, dans la pluie, et quoi de plus ? C'est assez, non ?

— Pardonnez-moi

Le docteur Shigetô était confus. Il retira ses mains du crâne de la femme, emportant au passage quelques cheveux supplémentaires, puis s'en voulut aussitôt en constatant les conséquences de ses paroles sur le visage de sa patiente. Ce genre de situation lui permettait pourtant de progresser dans le seul domaine où il possédait les moyens techniques d'être efficace : la psychologie. Il ne garda pas la femme dans son hôpital, priorité étant faite à des cas plus graves, et la laissa repartir après avoir recouvert ses plaies de compresses de gaze.

Le matériel revenu peu à peu avait tout d'abord rassuré le docteur, mais c'était sans compter sur ce mal mystérieux qui venait tout gâcher. Il n'attendit pas non plus 1947, que l'ABCC (Atomic Bombe Casualty Commission) soit créée pour étudier les effets des radiations sur les victimes de la bombe. Fumio Shigetô consigna chaque information utile, fit inscrire un maximum de résultats d'analyse, il sentait que la solution ne viendrait jamais de l'extérieur. Cette médecine empirique devait évoluer et apprendre de ce désastre pour ouvrir une voie non négligeable vers – et non pour – la paix.

Fumio Shigetô ne comprenait pas non plus la propagande américaine en faveur de la démocratie, via des tracts tombés du ciel comme une pluie mensongère. Il ne saisissait pas le lien entre l'argumentaire démocrate sur les libertés du citoyen, son bien être, son épanouissement personnel, et la décision prise par une même démocratie d'envoyer une bombe détruire deux cent mille vies humaines d'un coup, sans mesure, sans différentiation. Certes, un temps de guerre tend à l'irrationalité, mais les fondamentaux, ce que les révolutionnaires français appelaient « Les Droits de l'Homme et du Citoyen », étaient censés former la base de toute démocratie qui se respecte. Comment pouvait-on à la fois prôner un idéal et en violer les principes ? Cela le laissait coi. Mais peut-être avait-il confondu démocratie et pacifisme ? Il n'était plus sûr de rien depuis le six août, à part de cette haine prête à jaillir des ténèbres de chaque être humain, contre laquelle la société est censée lutter.

Tsuneo put enfin tenir la main de la femme. Par-dessus les bandages, la douleur affaiblie le permit. Il sourit de quitter enfin cet hôpital où l'ennui l'avait rongé pendant des heures, et sentit qu'il pouvait la regarder à nouveau, comme l'autre fois, lorsqu'elle l'avait traité de diable, ce qu'il fit :

— Tu ne vas pas recommencer ? dit la femme.

— …

— Je veux que tu arrêtes ça tout de suite.

Tsuneo continua de la fixer, il amplifia son sourire indélébile et rappela à la femme pourquoi elle l'avait récupéré dans les ruines. La joie de vivre qu'il lui envoyait via son expression faciale était telle, que la femme ne put se retenir d'esquisser un sourire. Elle baissa les yeux pour balayer le sol d'un regard fixe, y revit les cendres lavées par la pluie réfléchir une lumière grise, lunaire.

Après une longue réflexion, elle interrogea Tsuneo :

— Mais que veux-tu au juste ? Et qui es tu vraiment ? Une sorte de guérisseur ? Un sorcier ? Un monstre ?

— …

— Comment ça tu ne réponds rien. Pour qui te prends-tu ? Allez, fait un effort, j'en ai assez de parler toute seule.

— Je suis un enfant, rien qu'un enfant.

— Quoi ?

— C'est toi qui l'as dit.

Sur cette réponse, la femme rit franchement, comme l'autre fois. Rien pourtant n'était drôle, la situation semblait tragique, mais quand Tsuneo regardait une personne, il était impossible pour cette personne de lutter contre son regard magnifique. La femme rit si fort, que cela lui fit mal partout, son rire s'amplifia jusqu'à l'explosion. Elle était à bout de souffle, exténuée, mais enfin elle pouvait expulser tous les maux qui la torturait, ne serait-ce qu'à l'instant précis de ce rire, et ressentir pour la première fois depuis le six août une chose qui s'apparentait à un plaisir.

En apaisant légèrement la souffrance de la femme, Tsuneo prolongeait peut-être de quelques mois, quelques semaines ou quelques heures son espérance de vie. Comme s'il s'agissait de sa propre mère, il avait transmis par la puissance humble du rire un peu de bonheur – de sa propre mère ne lui restait qu'un souvenir arrondi, un contour flou et une odeur imprécise, dans la limite de ce qu'un enfant de quatre ans peut mémoriser. Il fallut du temps à la femme pour se ressaisir, avant de se relâcher complètement vers un rire incroyable. Ces cycles durèrent infiniment, sur la poussière où elle se baissait à chaque spasme, se relevait, se repliait...

Ainsi marchaient Tsuneo et la femme, tous les deux sans but à parcourir les grèves, noyés dans les rires, les pieds clapotant dans les cendres lunaires.

Chapitre 3

ALLER QUELQUE PART

Le docteur Shigetô tint la main de Tsuneo, assis au pied du lit de la femme. J'ai bien pris soin d'elle, pensait-il, mais encore une fois, l'impuissance l'emportait. Étrangement, il se souvenait d'elle, de son arrivée avec l'enfant, de son air sûr et droit lorsqu'elle était venue pour faire diagnostiquer ses mains brûlées. Il lui avait posé une question malpolie et indélicate. Toujours persuadé qu'il était possible de s'améliorer, d'évoluer dans le bon sens, Fumio Shigetô ne lâchait plus la main de Tsuneo. Il le fixa et, chose exceptionnelle en période de saturation dans les ruines de cet hôpital, il dépensa du temps pour expliquer la situation à l'enfant. Peut-être voulait-il en faire un témoin, un être dont il graverait dans la mémoire un message indélébile ? Ou peut-être voulait-il formuler à lui-même le mal qui le rongeait afin de mieux en saisir la nature ? Dans le couloir bruyant assailli par l'infortune d'où jaillissaient des odeurs indescriptibles, Fumio et Tsuneo semblaient pareillement désolés. Une infirmière était déjà venue chercher les draps pour une autre personne dont le cœur battait encore, elle ; car celui de la femme ne battait plus depuis cinq heures : leucémie foudroyante. Fumio serrait toujours la main du garçon. Après une longue respiration, il lui dit :

— Tu n'étais peut-être pas son fils, mais cette femme t'a probablement sauvé la vie. Tu dois en prendre conscience. Tu devras honorer sa mémoire.

Tsuneo le regarda, aphone. Il avait perdu cette expression – cet entremêlement de détresse et de vulnérabilité – que la femme avait trouvée suffisamment forte pour l'extirper du champ atomique. Paradoxalement, il souffrait davantage à cet instant que pendant les heures qui avaient suivi l'explosion nucléaire. Bien sûr, il savait : la femme allait d'abord perdre tous ses cheveux, puis aurait des nausées de plus en plus fortes, si fortes qu'elle finirait par en mourir. Valait-il mieux qu'elle meure avec les autres, avec son fils, plutôt qu'avoir à endurer ces supplices ? Ce délai avant sa mort avait démultiplié sa souffrance, comme une ultime torture assénée par les lanceurs de la bombe. Pourquoi expiait-elle au nom des dirigeants de son peuple, des décisionnaires ? Qu'avait-elle fait, elle, pour mériter une sanction aussi violente ? Tsuneo ne pensait pas encore à tout cela, il était simplement triste d'avoir perdu cette mère de substitution, plus triste encore que le docteur.

— Il ne faut pas lui en vouloir si elle t'a sauvé… Même si ta famille a disparu, tu restes un garçon courageux, je l'ai vu. Tu sauras trouver les personnes qui te feront du bien, j'en suis convaincu.

Dans ce vacarme faussement provisoire, le docteur Shigetô n'était pas très doué pour la consolation, même s'il avait raison de ne pas se laisser envahir par les émotions de ses milliers de patients.

— À travers toi elle aura aimé son fils, pour apaiser sa douleur immense. Imagine que pour une femme, perdre son fils est la chose la plus horrible qui puisse arriver. Elle saura te remercier, je n'en doute pas.

Malgré les efforts du personnel, le bruit persistait, essentiellement causé par la surabondance de victimes. Après les soins aux brûlés, un léger creux d'affluence avait redonné un peu d'espoir aux soignants, mais la peste atomique dictait maintenant sa loi, et les victimes revenaient au galop. Rien ne semblait pouvoir freiner le retour croissant des malades. Fumio se pencha délicatement vers l'enfant, c'était rare qu'il soit aussi démonstratif, mais les circonstances et son propre chagrin l'avaient tenté. Il lui chuchota à l'oreille, pour être sûr qu'il comprenne bien :

— Je vais te trouver un endroit où aller, à manger, aussi. Tu dois être affamé, je suppose ?

Tsuneo hocha silencieusement la tête, puis se tourna vers le corps sans vie de la femme allongée sur le lit dépouillé de ses draps. Son crâne chauve n'était pas lisse, car sa peau n'avait pas eu le temps d'être tannée par le soleil. Il alla l'embrasser chaudement sur la joue, et l'escalada pour lui dire adieu, la serra très fort pendant plusieurs minutes, avant de suivre le docteur vers un endroit inconnu : un endroit de plus.

DEUXIEME PARTIE
1965

Chapitre 1

MERVEILLEUSE HIROSHIMA

Le temps s'écoule, on oublie, ainsi va le cours de la vie. Vingt ans se sont consumés depuis le drame d'Hiroshima. Les graines germent à nouveau pour former de nouveaux arbres, de nouvelles fleurs, et le vent emporte toujours la poussière. Physiquement, les stigmates sont effacés, mais dans leurs corps, certains continuent de cicatriser, ou tentent d'évacuer le mauvais souvenir de la chute. Les nouveautés occupent de plus en plus les mémoires, le progrès aussi. Il faut libérer de la place, et quitte à en faire, autant supprimer les souvenirs désagréables. La ville s'est reconstruite avec une énergie folle, rien n'a pu l'arrêter. Les immeubles ont repoussé avec les arbres, l'argent des coupables a permis de se décomplexer, de s'occidentaliser. Un nouveau peuple est arrivé, et arrive encore des campagnes, c'est une ressource inépuisable. Il y a du travail pour tous, beaucoup, on pense même à rire, à s'amuser dans les night clubs. Lorsqu'ils arrivent, les campagnards sont gorgés de rêves. Ils se projettent dans une vie future, meilleure sur tous les points. Ils ont peur des victimes de la bombe, des Hibakushas qui les effrayaient avec leur teint blafard, dont certains mendient, ou sont des fous à éviter. Ces nouveaux habitants de la ville sont venus pour travailler, gagner de l'argent, vivre, et propulser le Japon dans le club des puissances mondiales. Alors, qu'on ne les dérange pas, compris ?

Ce jour fut assailli par une grande chaleur. Il s'agissait d'une chaleur humaine, même si l'été était remarquablement ensoleillé. La ville grouillait comme une fourmilière, et les odeurs de nourriture bousculaient les narines de Takako qui venait de décrocher un nouveau travail. L'effet de la guerre avait été bénéfique pour les femmes, veuves exceptées puisque la mère de Takako avait fabriqué des milliers d'obus, dont peut-être celui qui avait projeté son mari au ciel lors de la guerre sino-japonaise. Une simple bavure qui l'avait convaincue de retourner dans son village natal, pour vivre au plus près de la nature, dans les montagnes, pour ne plus jamais entendre parler des armes ou de la guerre. D'ailleurs, le temps de la guerre, enfin révolu, avait laissé place à un autre très étrange lui aussi : le capitalisme. Les mentalités avaient changé, et désormais les femmes disposaient de la possibilité d'effectuer des métiers anciennement réservés aux hommes. Elles remettaient en cause un fonctionnement millénaire, composé de rôles sexués. Puis, avec tous ces maris, ces amants tués, le choix du travail était devenu vaste pour les femmes, enfin redevenues maîtresses de leur vie sociale.

Dans la merveilleuse Hiroshima, Takako venait

tenter sa chance vingt ans après la capitulation. L'été frappait fort, le soleil irradiait sa peau à outrance. Certains avaient prédit qu'il serait impossible de vivre ici pendant soixante années. C'était faux, un raisonnement de plus fondé sur la peur comme tant d'autres. La vigoureuse reconstruction témoignait du dynamisme de la ville, de l'acharnement matérialiste vers lequel on s'orientait. À huit heures quinze du matin, Takako déambulait à toute allure dans les ruelles. C'était son premier jour d'essai : il n'était donc pas question d'être en retard. Autour d'elle, l'activité explosait. On s'empressait aux étals, on bichonnait les trottoirs avec des balais en paille de riz. Aucune saleté ne souillait le sol, les fenêtres s'ouvraient pour laisser entrer l'air pur dans les pièces.

Le propriétaire d'un magasin de disques voulait l'embaucher comme vendeuse. Elle adorait la musique, ce qui pour elle était un signe. Le grain des pochettes, leur grand format, leur odeur, tout lui plaisait dans ce métier. Elle savait que certains clients pouvaient être pénibles ; elle avait d'ailleurs eu une expérience malencontreuse dans un magasin où elle avait été employée, lorsqu'un homme d'âge mûr avait présenté ses avances de manière trop déplacée. Mais Takako, étant d'un genre déterminé, avait éconduit l'homme sévèrement : elle lui avait flanqué une bonne gifle, et il était parti en chancelant.

Takako courait donc après le temps, même si la différence avec la marche avait peu d'influence sur les secondes gagnées, pour arriver en sueur à son nouvel emploi. Le long du chemin, elle traversa l'une des sept branches de l'Otha. Le fleuve paraissait calme, et l'eau y glissait inlassablement contre les berges de béton ou d'herbe rabougrie. Sa mère avait tenté de la dissuader de quitter la montagne et la rizière, le village, mais Takako sans son père était devenue dure. Son caractère avait changé progressivement, mais de manière inéluctable : elle avait paru de plus en plus sûre, et avait déclaré un matin vouloir prendre son indépendance. Les opportunités plus nombreuses en ville – et particulièrement à Hiroshima où tout était neuf – l'avaient confortée dans son choix. Mais la jeune femme se sentait aussi attirée par la modernité, les éclairages nocturnes et la possibilité inconcevable au village de trouver un emploi dans le domaine du divertissement culturel. Pendant un été, elle découvrit le potentiel de la ville, prit goût à ses plaisirs. Une immense émotion l'envahit lorsqu'elle se remémora sa première arrivée ; la différence avec le village où les maisons se ressemblent comme leurs occupants, tous prévisibles et ternes. Sa mère avait refusé de la suivre, accrochée à ses modestes acquisitions matérielles, qu'il serait facile de disposer en intégralité sur une seule charrette à bras.

Le magasin était discret, une boutique de quatre mètres coincée entre une poissonnerie et un primeur : la musique au cœur de l'alimentation. C'était un lieu de connaisseur spécialisé dans le jazz, qui ne s'interdisait pas de vendre autre chose. L'entrée était vitrée, et l'intérieur bien équipé. Les disques contenus dans des bacs en bois luisaient tous alignés sur la droite de la boutique parfaitement rectangulaire. Les bacs étaient surplombés par des présentoirs calibrés à la taille des pochettes. Il restait un bon mètre pour circuler, dont le sol pourpre absorbait la lumière. Le tout était effectivement sombre, ponctuellement éclairé par des ampoules de faible puissance. L'ambiance corrélait avec la spécialité de la boutique.

Le directeur l'attendait, il servait un client qui la dévisageait. Elle avait l'habitude de sentir sur elle le regard des hommes, désireux et indiscrets. Pour cette raison, elle préférait rester derrière le comptoir afin de restreindre leur champ de vision. De l'intérieur, la boutique semblait moins large, ressemblant finalement à un couloir encombré. On dit souvent que la première impression compte particulièrement, et ici Takako ressentait un sentiment étrange, difficilement définissable. Ce commerce lui paraissait unique en son genre. Elle regarda le directeur, qui lui sembla aussi étrange que sa boutique. En somme, c'était passablement logique dans une ville si dynamique, ce devait être un avantage face à la concurrence. Quand le directeur eut fini d'encaisser le client, il s'avança devant le comptoir pour saluer Takako :

— Alors, c'est toi, n'est-ce pas ?

— Oui monsieur, répondit-elle avec délicatesse.

— Une gringalette, pas de doute, je ne pouvais pas me tromper. N'as-tu pas honte d'être aussi grande ! Et pas de monsieur chez moi, appelle-moi Billy.

Takako était effectivement grande ; beaucoup de garçons se trouvaient gênés devant sa verticalité. Mais Billy ne semblait pas sérieux en disant cela, du moins, c'est ce que Takako pensait. Elle ne se laissait pas impressionner par un homme prétentieux de cette espèce. Il frappait son stylo contre le comptoir, au rythme du saxophone de Charlie Parker diffusé en fond dans la boutique. Cela provoqua une certaine fascination chez la jeune femme, qui sembla envoûtée par la rondeur et les opulents vibratos diffusés par l'instrument.

— Billy ? C'est votre prénom ? demanda-t-elle.

— Peu importe. Tu veux m'appeler par mon pré-nom, alors appelle-moi Billy. Et puis, je vais faire une course : le magasin est à toi. Amuse-toi, mais pas de bêtises, sinon Billy sera très fâché.

Ainsi, Billy jeta son stylo par-dessus le comptoir et partit comme une flèche, laissant Takako seule et sans instruction pour son premier jour d'essai. Aucun client ne fut à signaler au départ de son patron, heureusement pour elle. Cela lui permit de s'organiser pour commencer la journée, Billy rentrant seulement pour la fermeture. Elle changea les disques, se permit d'en piocher de nouveaux dans les bacs, encaissa les clients. Parfois, ils lui posaient des questions très pointues auxquelles elle ne savait pas répondre.

À son retour vers dix-neuf heures, Billy ne lui dit pas grand chose, à part :

— Dizzy Gillespie : très bon goût. C'est bon pour demain, mais revient à huit heures cette fois.

— À demain huit heures, répondit Takako qui partit sans attendre.

— Attends ! Cria Billy. Ton enveloppe… Au cas où tu ne reviendrais pas. Billy est quelqu'un de très prévoyant : si tu crois qu'il n'a rien fait de la journée, c'est une erreur...

— Mais je reviendrai demain, promis. Takako est quelqu'un qui sait tenir ses promesses.

Takako, sans se retourner, partit sans emporter l'enveloppe. Billy, qui la lui avait tendue, se retrouva avec une femme exceptionnelle comme employée. Elle revint le lendemain à huit heures pour retrouver Billy, soulagé. Il l'avait attendue impatiemment. Comme le jour précédent, il s'échappa et revint le soir, et sembla davantage pressé de s'enfuir. Que faisait-il pendant ses journées ? Elle n'en avait aucune idée et cela lui importait peu. Seule sa liberté d'exercer le métier de vendeuse de disques de jazz, ne s'interdisant pas de vendre autre chose, lui paraissait importante. Après plusieurs semaines, Billy lui montra la procédure pour commander des disques. Il lui donnait des listes, des magazines, et l'autorisait à faire des suggestions. Il partit ainsi trois ou quatre fois par semaines, toujours le mercredi, souvent le jeudi, sans jamais donner d'explications.

Durant cette période, la vie de Takako, paisible et douce dans la merveilleuse Hiroshima, coulait avec la fluidité de l'eau des sept branches de l'Otha. Rien ne semblait freiner la pousse de la ville, l'improbable renaissance. Chaque citoyen ressentait l'étrange possibilité d'une croissance infinie, comme si cette guerre avait été une belle aubaine finalement, une sorte d'hiver rude suivi d'un printemps où les constructions abonderaient comme des fleurs. Provoquant la confusion des temps de la nature avec ceux des hommes, l'ivresse du renouveau emportait la merveilleuse Hiroshima, apaisait sa cicatrice géante. On tentait de la rendre invisible avec un pansement urbain de routes et d'immeubles.

Sa période d'essai avait confirmé que Takako était une excellente vendeuse. Les amateurs de jazz étaient souvent des hommes, le succès et le chiffre d'affaire de la boutique augmentaient mécaniquement. À force d'écouter les disques, elle finit par connaître tout le répertoire de son époque. Elle adorait l'interminable égoïsme des solistes – saxophone, trompette, guitare, et même contrebasse – qui volaient la vedette aux autres instruments pendant plusieurs minutes, les reléguant au simple rang d'accompagnateurs contemplatifs. Les contrebasses folles l'amusaient, particulièrement lorsqu'elles étaient joyeuses et excités comme des bourdons à la vue d'une fleur gorgée de nectar.

Billy s'amusait, il était imprévisible, parfois malgré lui. Il rangeait ses disques avec acharnement, et s'offusquait lorsque les clients les mélangeaient trop. Dans ces moments-là, Takako appréciait de l'entendre parler à la troisième personne. Son décalage la faisait souvent rire, d'autant qu'il ne comprenait nullement pourquoi elle riait. Jamais il ne lui parla de sa vie privée, de son vrai prénom, de lui. Seul le jazz semblait compter, et toutes ses conversations tournaient autour de ce sujet. Les clients venaient aussi pour le personnage, cet homme étrange et lubrique que personne ne savait définir, qui semblait lui-même fouiner à la recherche de son identité avec beaucoup de difficulté.

Parmi ses clients, figuraient les amis de Billy, souvent des hommes jeunes au beau teint, à la peau éclatante. L'un d'eux venait régulièrement, Takako l'aimait bien, il semble même raisonnable de dire que Takako l'admirait. Billy le serrait dans ses bras, car « Billy est démonstratif », sanguin, même gênant pour le jeune garçon. Avec son blouson de vieux cuir, odorant et jamais fermé, Billy honorait ses convives d'infinis enlacements, comme s'il retrouvait sa mère assassinée le six août 1945, à huit heures quinze exactement par on sait qui... Il s'échappait inopinément de la boutique, systématiquement les mercredis, filant à toute allure dans les boulevards et les ruelles vers un but inconnu. Une fois seule, Takako aimait écouter en boucle le mélodieux titre « Blue Train » de John Coltrane, et pour cause : c'était son préféré.

Takako commençait à gagner un peu d'argent, elle s'acheta quelques vêtements en harmonie avec sa silhouette. Tout lui allait, tant les couleurs que les coupes, mais sa préférence était donnée aux robes longues. Elle était assez grande pour une femme, mais ne souffrait d'aucun complexe à ce propos, elle aimait justement amplifier ce phénomène en choisissant des vêtements filiformes. Mais une idée surtout rôdait dans son esprit : elle pensait à l'ami de Billy. Ce beau garçon semblait l'ignorer à chaque visite, renforçant ainsi l'attirance qu'elle éprouvait pour lui. Tous ses vêtements étaient désormais choisis d'après une contrainte nouvelle : « Le garçon va-t-il me remarquer ? » Peut-être effrayait-elle les hommes en dégageant trop d'assurance ? Depuis la fin de la guerre, ils semblaient peiner à trouver leur place : ils n'étaient plus les mâles dominants, libres d'exercice sur le sexe opposé. Cela ne rendait pas service à Takako, toujours célibataire, dont l'expérience dans le domaine de mœurs se limitait à deux ou trois baisers seulement. On arrangeait encore les mariages, et même si ce phénomène perdait en puissance, il demeurait tenace.

Debout, happée par le jazz ambiant dans la boutique de quatre mètres, Takako était encore seule. La fulmination des couleurs de l'automne s'était installée ostensiblement, rappelant à la ville la teinte des flammes qui l'avaient emportée. Le climat était devenu plus agréable et doux, le jour où Billy rentra effondré d'une errance, c'était un mercredi.

Juste avant son arrivée, Takako avait choisi un disque de Stan Getz, et s'écoulait le titre « We'll be together again » à l'instant exact où Billy traversa le pas de la porte. Assommée par le désarroi de l'homme, elle ouvrit instinctivement ses bras – geste sans risque, vu la préférence de Billy pour les individus de sexe masculin. Takako pensait que Billy produirait une phrase du genre : « Billy est triste, il faut le consoler », mais Billy fut trop occupé à pleurer ; il ne dit absolument rien. Ses doigts tremblaient, erraient à la recherche de quelque chose à agripper dans le dos de Takako. Billy devenait flasque, elle attendait patiemment qu'il se rigidifie, qu'il reprenne un peu de tonus. Il était secoué par de violents sanglots, et des spasmes semblaient lui parcourir le ventre. Il poussa quelques vagissements déconcertants. Takako avait le cœur déchiré à leur écoute.

Une fois calmé, Billy sembla honteux d'avoir montré sa faiblesse de manière si ostensible. Il resta assis derrière le comptoir, et fixa un point dans le vide. Que lui était-il arrivé pour se mettre dans des états pareils ? Takako ne savait plus comment agir, et classa machinalement des disques déjà rangés. Elle scrutait d'un œil les pochettes, et de l'autre, Billy. Il ne bougeait plus, et resta près d'une heure figé sur son tabouret. À quoi pensait-il ? Takako n'en avait pas la moindre idée, et n'osa pas le lui demander. Après tout, elle ne le connaissait pas suffisamment.

Billy se leva enfin.

Il rentra chez lui sans explication, et laissa les clefs à Takako qui, pour la première fois, fermerait la boutique et serait envahie d'un sentiment de culpabilité, se dirait qu'elle aurait pu faire autrement, qu'elle aurait pu lui proposer de le raccompagner, ou refuser les clefs, et le rassurer davantage pour le bien de son commerce. Elle se demandait aussi si sa place était vraiment ici, s'il elle n'aurait pas mieux fait de rester avec sa mère, ou d'insister pour qu'elle la suive dans son exode. Puis elle balaya ses mauvaises pensées, qui après tout, n'étaient pas productives, et termina la journée sans encombre en palliant l'absence de Billy, et en relançant le disque de Stan Getz dont le saxophone s'était tu au départ de Billy.

Chapitre 2

LE MAL NECESSAIRE

Tout comme il existait deux Hermann Göring : celui du canari, et celui des camps de concentration, il devait y avoir deux Harry S. Truman : celui des affaires d'État courantes, et celui des Bombes A et H. Mais qu'est-ce qu'un monstre au juste ? Un homme capable d'empathie pour un simple canari, au point de retirer ses bottes pour ne pas le réveiller lorsqu'il rentre tard dans la nuit, mais qui par ailleurs consent et participe à l'extermination de millions de Juifs ? Ou un homme capable de vendre brillamment l'idée d'un « mal nécessaire », faisant exécuter atrocement deux cent mille vies humaines, dont l'essentiel sont civiles ? Quels sommets la conviction d'un individu peut-elle atteindre ? Inscrire sur le B29 Superfortress N°91 : « Necessary Evil », et rire ensuite en trouvant cela normal ? L'importance que l'on donne à la vie d'un être est relative, elle ne repose sur rien, comme les notions de bien ou de mal, même si certaines limites paraissent évidentes.

Takako, qui ne s'embarrassait pas de questions de

ce genre, continua de ranger ses disques vinyles, de vivre un quotidien de citoyenne « normale », réfléchissant essentiellement à des problématiques de confort à court ou moyen terme. Que pourrais-je faire ? Moi toute seule je ne suis rien, aurait-elle pensé face à l'immensité des problèmes politiques. En cela, elle correspondait bien à la citoyenne idéale – du point de vue de la caste dirigeante bien sûr. Billy, qui l'avait interpellée sur ces questions, sembla légèrement déçu de ne pas voir en elle le réveil de conscience auquel il aspirait. Il était animé par des interrogations sans réponse, et semblait fou à chaque fois qu'il était question d'éthique, ou de tout autre sujet polémique.

La ferveur de Billy avait néanmoins diminué depuis l'incident, depuis ce mercredi où Takako l'avait étreint pour le consoler. Il classait désormais ses disques avec lenteur, hurlait parfois contre les clients, et perdait patience à la moindre contrariété. Même ses vêtements semblaient changer, car ils ne semblaient plus portés avec autant d'assurance. Sans sa folie, Billy n'était plus tout à fait lui-même, et Takako n'osait jamais le questionner sur la source de ce changement brutal.

Lorsque son ami arriva, Billy esquissa tout de même un léger sourire. C'était le garçon tant convoité – probablement autant recherché par Billy que par Takako. Il s'anima enfin d'une flamme inouïe, sembla revigoré à la vue du jeune homme aux yeux doux. L'accolade dura, et le jeune homme se mit à pleurer lui aussi, à serrer très fort Billy dans ses bras. Takako fut envahie par une gêne immense. Elle était de trop, quitta la boutique, tiraillée par l'envie de regarder les deux garçons. Dans un mouvement furtif, elle aperçut Billy à son tour en larmes. Pour sa démonstration de politesse, elle partit seule dans la ville. Pourquoi interférer avec leurs problèmes, cela lui rapporterait des ennuis. Deux hommes aux yeux humides, c'était suffisamment curieux pour la convaincre de fuir. C'était ce qu'il y avait de mieux à faire, elle avait probablement bien agit. Les deux garçons enlacés, surpris de cette disparition, n'avaient pas vu sa fuite. Ils se détendirent et sourirent l'un à l'autre :

— Où est Takako ? s'interrogea Billy.

— Elle a dû partir, dit Tsuneo en se ressaisissant.

Il essuya ses larmes avec le revers de son index.

— Ne t'inquiète pas, elle reviendra : elle revient toujours. J'ai été parfois un peu dur avec elle, surtout au début, mais elle est fidèle. Tu sais comme moi que c'est difficile de trouver des gens sérieux, des gens sur qui on peut compter.

— Oui.

— En plus, elle n'est pas vilaine, ses robes sont jolies. Moi je la trouve trop grande, mais elle est élégante. C'est une fille bien, tu sais.

— Laisse-moi, Billy ! On m'attend à l'imprimerie. Peut-être une autre fois. Et ne fais rien, surtout ne fais rien, soit simplement courageux, c'est déjà beaucoup. Ce n'est qu'une épreuve de plus pour toi qui en as connu d'autres.

— Je ne me suiciderai pas, si là est ta crainte. Alors soit rassuré et file à ton imprimerie, répondit franchement Billy.

— Je viendrai te voir demain soir au club.

Tsuneo fila hors de la boutique, se jeta dans la gueule d'Hiroshima sans jamais croiser Takako. Un point les reliait néanmoins : c'était un ballon publicitaire amarré à un immeuble du centre, qu'ils regardèrent de manière presque synchrone. Sans le savoir, ils pensèrent aussi la même chose : ce ballon flotte à l'endroit exact de l'épicentre de l'explosion du six août. Ce genre de détail ne provoquait de scandale pour personne à Hiroshima, tant la ville revendiquait son droit à la futilité, comme ailleurs, qu'on s'y permette la légèreté de l'âme, qu'on s'y autorise parfois à oublier le drame éponyme. À ce propos, et non sans nier qu'il y ait là une cause, la ville grouillait de night-clubs, de dancings et autres bars. La seule ruine que l'on avait conservée en l'état était le dôme de Genbaku, ancien pavillon de l'industrie, devant lequel il était fréquent de voir jouer des jeunes gens au base-ball. La vie devait reprendre son cours ici plus qu'ailleurs, sans que personne n'ose venir aliéner ce droit.

Takako vagabondait désormais dans les rues du centre-ville, elle n'osait plus retourner à la boutique. Elle ne savait pas si le garçon était parti, et cela l'aurait trop gênée de le retrouver enlacé à Billy. Si la rencontre entre nous doit avoir lieu, elle aura lieu dans d'autres conditions, pensait-elle en s'approchant du Parc de la Paix, où elle entra pour se reposer. Lasse, elle se plaça sur le parvis du musée de la bombe, en face du bâtiment parfaitement rectangulaire, long de quatre-vingts mètres. Cet ouvrage semblait léviter. En réalité, il était couché comme un fakir sur des dizaines de pieux de béton dupant les sens. La mémoire sensible physiquement isolée du sol jonché de cadavres calcinés, s'élevait symboliquement pour mieux marquer les esprits.

Takako n'avait jamais ressenti la curiosité de visiter le musée, mais s'imagina « être » le bâtiment posé sur des piliers de béton. Plus précisément, elle s'imagina couchée, longue de quatre-vingts mètres, et soulevée par des dizaines de mains humaines jaillissant du sous-sol. Lors de cette incarnation étrange, elle se laissa submerger par ses pensées, oubliant même de réaliser à quel point le drame ici avait été invraisemblable. À qui pouvaient appartenir ces mains émergées du sous-sol par dizaines ? Est-il possible d'imaginer l'inimaginable sans l'avoir vécu ? Justement, le musée avait été construit dans ce but, pour aider les êtres humains limités dans leur capacité de projection, d'imagination, pour imposer l'empathie aux plus récalcitrants partisans des solutions d'extermination thermonucléaire. Mais aussi, et cela n'est pas dit, les inviter à réfléchir sur le potentiel de l'arme atomique en tant qu'outil de leur propre mort.

Les yeux clos de Takako ne voyaient dans l'image mentale de ce bâtiment qu'une sorte de réussite architecturale, dont le contenu barbant ne méritait pas le détour. En cette période de forte croissance, l'avenir de court terme semblait prioritaire sur les enjeux les plus forts. Elle rouvrit donc les yeux et se décida enfin à retourner travailler chez Billy, car une heure s'était écoulée, et le garçon avait dû quitter la boutique. Ses yeux se rouvrirent sur l'ennuyeux rectangle en lévitation.

Elle partit, à nouveau distraite par le ballon publicitaire stationné au point exact de l'épicentre. Sur son chemin, elle croisa une marée composée de perles humaines brandissant des pancartes. Leur écume, des banderoles : c'était une marche pour la paix. Cette marche dont l'itinéraire longeait l'hôpital de la bombe. Devant le parvis de l'immense bloc de béton immaculé, un homme jeune au teint sénile vacillait. Il semblait rongé de l'intérieur par le mal mystérieux : une leucémie, banale chez les victimes. Personne au monde n'aurait voulu avoir ses résultats d'analyse sanguine. L'homme affichait déjà le visage de sa mort. Pourquoi continuer de vivre lorsque l'on se retrouve dans un état pareil ? pensait Takako. Elle omettait sans doute que la dignité humaine n'a pas de limite concevable, que ces gens courageux continuaient à vivre pour exhiber cette dignité au reste de monde.

En cela, survivre à Hiroshima était un acte héroïque.

Soudain, l'homme au physique oxymorique, dans effort extraordinaire, leva la main pour saluer les marcheurs de la paix. Ce geste simple fut peut-être le dernier acte de communication qu'il accomplissait avant de retourner dans son mouroir. Takako n'en pouvait plus de cette ambiance, elle retourna dans la boutique de Billy où le jazz, vecteur d'avenir et de modernité, lui ferait oublier ses tristes visions. Cette course lui rappela le jour où elle était venue faire l'essai pour son travail, mais les odeurs avaient changé. La marche pour la paix respirait la déchéance. Peut-être s'était-elle trompée sur la ville. La joie qu'elle y avait perçue n'était qu'une mascarade, ce jour où Billy était parti sans explication pour ne revenir que le soir et fermer la boutique. Jamais elle n'avait cru possible de discerner autant de douleur dans les yeux d'un homme vivant, et pourtant, ce jeune vieillard l'avait surprise. Peut-être détenait-elle la faculté de lire l'avenir, la tournure que la vie prendrait, dans les yeux des autres ?

Chapitre 3

LES FEUILLES, L'AUTOMNE

Le fracas des presses assourdissait Tsuneo, comme à chaque fois qu'il travaillait ici, c'est-à-dire huit heures par jour, six jours sur sept. Le bruit cyclique et infini des machines ne l'empêchait pas de travailler ardemment. À l'imprimerie M, les grandes planches du roman « Fleurs d'été » de Tamiki Hara sortaient des machines à une cadence horlogère, une feuille à chaque battement, toutes les secondes exactement ; liberté faite à l'expression d'une catégorie de roman novice et encore peu fournie : la littérature des bombes A et H, justement alarmiste, dont les protagonistes étaient généralement des survivants ou des descendants de victimes.

Regarder des dizaines de milliers de lettres couchées sur le papier pour traiter d'un sujet qu'il tentait d'oublier ne consolait pas Tsuneo. Les paragraphes disposés régulièrement l'assommaient, même s'il ressentait une certaine satisfaction de fabriquer ces produits de mémoire à l'aide de ses mains. Ces fragments de vie, ces témoignages, seraient indispensables à l'avenir pour lutter contre l'abomination nucléaire.

Une fois criblée de lettres, chaque planche était découpée, puis pliée à la main. Ce travail minutieux était généralement exécuté par des femmes de meilleure dextérité. Les petits cahiers ainsi formés étaient ensuite triés : une pile par cahier, un livre contenant en moyenne six cahiers. Une autre femme composait alors le livre en assemblant dans l'ordre tous les petits cahiers. Elle envoyait ensuite ses empilages à la reliure et au massicotage, dernière étape avant la couverture. Tsuneo fixait du regard les couvertures. Les tôles noircies du toit pompaient la lumière du jour, et l'algorithme formé par les dizaines de livres alignées devant lui paraissait d'autant plus étrange, écrasant.

Il avait filé à l'imprimerie après son accolade avec Billy, puis s'était posté sans plainte, néanmoins chargé de pensées pour son ami. Il ne pouvait de toute façon pas parler tant les presses étaient bruyantes et infatigables. Qui l'écouterait ici ? Autant se noyer à la tâche, rêvasser un peu, se perdre dans ses pensées en évacuant la douleur par le travail ; un labeur simple consistant à inspecter, récupérer les planches en sortie de presse, puis les ranger sur un chariot pour les convoyer au découpage. L'érudition semblait inutile dans ce lieu où mûrissait le fruit de la culture. Ce qu'aimait Tsuneo par-dessus tout, c'était écrire, même s'il gardait cette passion secrète, retenu par la peur de n'avoir aucun talent. Les livres confectionnés à l'imprimerie M étaient expédiés aux quatre coins du Japon, parfois à l'étranger lorsqu'un succès essoufflait les presses. Tsuneo devait donc aller très vite. La littérature des Hibakushas était en quelque sorte victime de son utilité. Alors, il empilait les planches, les amenait aux femmes qui les découpaient avec précision et rapidité, les pliaient, formaient infiniment les petits cahiers, puis il retournait au pas de course pour alimenter les machines en papier vierge.

Hajime M était responsable des presses, présentes au nombre de deux dans l'usine. Il guettait Tsuneo d'un œil abscons, au travail sur la presse numéro deux, cherchant l'erreur ou la faute. Son long-nez ailé valait à Hajime le surnom de fouine. Les bruits rauques des rouleaux additionnés au claquement des feuilles provoquaient une grande fatigue chez les travailleurs de l'imprimerie M. Ils semblaient tous dormir debout les yeux ouverts, excepté la fouine, vive et fourbe, toujours aux aguets depuis la mezzanine qui encerclait l'atelier.

Cela fascinait Tsuneo de participer à la valeur ajoutée au papier : l'apparition simultanée et répétitive de toutes les lettres donnait l'impression qu'un message important était martelé par les plombs à chaque coup de presse. Dans son esprit pacifique, il y voyait une frappe massive de contre attaque, nécessaire pour faire entrer le message dans les têtes : plus jamais Hiroshima. C'était une course contre le temps, contre tous les pays qui revendiquaient le droit à la bombe. Ces pays qui, comme des enfants, clamaient haut et fort : pourquoi pas nous ? attirant l'humanité un peu plus bas à chaque dégoisement. Mais vouloir la bombe, c'est risquer d'en recevoir une un jour, alors un exemplaire de plus imprimé équivalait à une voix supplémentaire, pour porter haut le message de paix que la ville d'Hiroshima s'efforçait de trans- mettre.

Soudain, la fouine s'aperçut de la baisse d'attention de Tsuneo, et hurla :

— La presse numéro deux a faim ! Au travail !

Tsuneo ne fit qu'un bond pour atteindre le papier, et se réfugier derrière la presse, un instant du moins.

— Toi, monte à la Mezzanine ! ordonna la fouine en désignant Tsuneo du bout du doigt.

Le fracas des machines paraissait presque doux lorsque Hajime hurlait. On entendait encore son cœur frapper d'exaspération, de constater qu'un employé puisse abuser, ne serait-ce qu'un peu, de l'emploi qu'il lui offrait généreusement. Tsuneo désormais ne rêvait plus devant les couvertures alignées, il était au travail à cadence maximale.

— Vas-tu monter ! renchérit la fouine.

En quelques coups de jambes, Tsuneo se retrouva en haut de la Mezzanine. Personne ne voulait un jour monter l'escalier de fer, pour s'expliquer dans ce lieu d'omniscience si parfaitement adapté à la direction d'entreprise. Pour la circonstance, la fouine se tenait droite, raide et exaspérée par le refus d'injonction qui s'ajoutait à la rêverie de Tsuneo. Cet emploi était physique, les presses dégageaient une chaleur intense, les cadences étaient réglées au maximum des possibi- lités mécaniques des hommes qui couraient derrière. Mais un emploi physique était un emploi, et pour

Hajime, embaucher un Hibakusha comme Tsuneo était un cadeau inespéré, la preuve irréfutable d'une générosité sans limites : il employait un salarié qui pouvait potentiellement tomber gravement malade, et ce à n'importe quel moment. Et en plus de cela, ce salarié se permettait de rêvasser, refusait de lui obéir. Donc, Tsuneo se tenait droit, le plus droit possible en exagérant même un peu. Il voulait montrer l'image de l'homme qui traverse et résiste aux tempêtes les plus vilaines, du roseau qui se redresse après chaque coup de vent. Pourquoi ne serait-il pas aussi vaillant que n'importe quel autre Japonais. Il assumait le risque qu'on lui avait imposé, le risque de mourir. Hajime constata les efforts du garçon avec un faux mépris ; il joua de clémence, et ne proféra que la moitié des insultes qu'il avait prévu de lui asséner.

— Va, et que je ne t'y reprenne jamais. Tu rattraperas ce soir le temps passé en haut de cette mezzanine, conclut-il avant de s'enfermer dans son bureau.

Tsuneo descendit deux par deux les marches de l'escalier de fer, et retourna à ses chariots, bien décidé à prouver à la fouine son bon choix de l'avoir embauché dans son imprimerie. Jamais il ne se plaignit de la difficulté de la tâche, ni des horaires irréguliers et décalés. Il effectua avec sérieux et efficacité ce travail qualifiable d'ingrat, non par choix, mais par obligation, expiant la faute d'avoir été présent dans cette ville un certain six août 1945.

Chapitre 4

UNE VILLE LA NUIT

Au-dessus de cette fosse commune qu'est Hiroshima, s'étalaient les night clubs et les bars par centaines, affichant sans vergogne leurs néons fusionnés aux ténèbres de la nuit, plus encore que dans toute autre ville du monde. La métamorphose, la renaissance, était incroyable. Hiroshima ressemblait à cela vingt ans après la capitulation : un arc-en-ciel de lumière à chaque coin de rue, le clignotement des néons au rythme de l'argent, l'invitation à le dépenser en masse dans les palais nocturnes de l'extravagance.

Billy vagabondait sur ces trottoirs étincelants, il digérait ce festin visuel. Son visage pâle reflétait les lumières colorées de la rue, et même son blouson de cuir s'ornait de halos agités par ses mouvements. On entendait la musique s'échapper par les portes perméables des clubs : de la rumba, du jazz, souvent des musiques joyeuses.

Enivré, Billy se laissait porter par l'ambiance.

Pourtant, ce répit fut interrompu par une vision tracassante. Il s'approcha d'un homme qui se dirigeait de manière rapide et coupable dans un night club bien précis, et pas n'importe lequel : celui dont la simple évocation donnait des nausées à Billy. L'homme portait un imperméable marron clair et semblait rentrer sa tête à l'intérieur pour ne pas être reconnu. Billy le stoppa dans son élan, et lui dit haut et fort :

— Eh !... Où allez-vous comme ça ?... Vous n'allez pas rentrer là-dedans, j'espère ?

L'homme indigné resta momentanément figé par la désinvolture de Billy, qui argumenta :

— Vous qui avez peut-être un jour visité le musée de la bombe, abasourdi, le visage tendu, les poils hérissés devant ces vêtements en lambeaux, devant les tuiles fondues, devant les maquettes de la ville rasée, et qui maintenant venez consommer sans scrupule dans un bar où les hôtesses sont déguisées en infirmières ! Un endroit où l'on se moque des gens blessés, morts, dans l'horreur... C'est une honte !

L'homme resta coi. Billy poursuivit son exorde :

— Les tentations de la chair et du rire sont fortes, mais peut-on rire de tout ? Est-il raisonnable de fonder un commerce sur la mort ? Croyez-vous que les hôtesses sont nues sous leurs blouses ?

Après un temps de quelques secondes, l'homme compris à qui il avait affaire, et il commença à protester vivement :

— Je veux passer. Laissez-moi tranquille, espèce de cinglé.

— Tranquille, mais ne l'êtes-vous pas ? répondit Billy. Votre santé va bien, vous n'avez pas besoin d'infirmières.

Billy écarta les bras pour lui barrer le passage.

— Occupez-vous de votre vie, dit l'homme. Je n'ai pas envie de discuter avec vous. Fichez-moi la paix.

— La paix ? Mais regardez ce que vous en faites. Vous avez tellement pris l'habitude d'avoir la paix qu'elle vous semble due, éternelle, comme si on pourrait rayer le passé d'un trait. Vous n'aurez jamais la paix si vous rentrez dans ce club. Au plus profond de vous, il doit y avoir un peu de culpabilité, sinon, vous n'êtes pas un homme.

— Rentrez chez vous ! Avant que…

— Avant que quoi ?

L'homme tenta de baisser les bras de Billy, qui résistait, et l'empêchait toujours de passer.

— Je vous retrouverai, dit l'homme, menaçant. Vous ne savez pas qui je suis. Alors poussez-vous !

Billy ne bougeait pas, il n'avait pas peur. Il bouillait et semblait prêt à en venir aux mains. L'homme, dont le pas sûr fut interrompu alors qu'il se dirigeait vers un club, où effectivement les hôtesses portaient des tenues d'hôpital avec peut-être rien en dessous, sembla tout de même effrayé par ce type étrange qu'était Billy. Il s'offusqua de cette hargne, de la non-culpabilité qui lui était reprochée par ce cinglé inconnu. Billy cria dans la rue pour que le club en question ferme. Il interpella les passants, fit scandale tout seul. Incontrôlable, il clama sa haine contre ceux qu'il aimait appeler « les amnésiques ». Mais l'homme ayant cerné la faiblesse de son agresseur, ne se laissa pas impressionner, et poussa Billy d'un coup d'épaule sec et précis. Billy chuta mollement ; sa tête heurta le sol, il ne saignait pas. Encore un de ces fous d'Hibakusha qui nous importune à tous les coins de rue, pensa l'homme. Ne peut-on vivre ses désirs dans cette ville comme ailleurs, renchérit-il.

Billy, indemne mais sonné, se releva silencieusement en fixant l'homme dans les yeux. Il lui baragouina une phrase qui, dans sa tête, voulait signifier : « Un jour, vous vous sentirez coupable, car à force d'ignorer ce que devient le monde, il y aura une bombe nucléaire au dessus de toutes les têtes. » En réponse, l'homme soupira d'exaspération. Il reprit sa marche vers la porte du club, se retourna en criant :

— Vous regretterez votre comportement ! Je vais vous le faire payer, moi ! Vous allez voir !

Il s'engouffra dans le club. Sur le trottoir scintillant, le blouson de cuir noir de Billy se remit à luire de reflets hagards, projetés par les tubes de gaz multicolores. Le regard désormais dirigé vers le bout de ses chaussures, Billy avança en direction d'un club moins provocateur où il avait rendez-vous. Ne s'était-il rien passé à Hiroshima, s'agissait-il simplement d'une ville ordinaire, pimentée de quelques excentriques ? Il se rongeait de l'intérieur avec ses préceptes, ses idées, et semblait démuni de ne rien pouvoir faire contre l'irrationnelle boulimie des États, prêts à tout pour posséder les outils de destruction massive les plus puissants, les plus sales.

L'arrivée à destination de Billy fut une bonne chose, elle l'arracha à ses réflexions rongeuses. Il entra dans son club de jazz préféré, laissa son blouson de cuir noir à l'hôtesse d'accueil, avant de se projeter dans la salle à la recherche de son ami. C'était Tsuneo, qui l'attendait seul assis à une table, impavide, le regard verrouillé sur le quartet composé de piano, batterie, contrebasse et saxophone ténor. L'ambiance était feutrée, non prétentieuse et globalement sombre. Pour que l'acoustique soit améliorée, les murs avaient été recouverts d'une moquette pourpre à la sobriété exemplaire. Billy alla s'asseoir vers Tsuneo qui, trop absorbé par l'orchestre, vit à peine son ami.

Billy lui demanda simplement :

— Que jouent-ils ?

— Stan Getz. Tu devrais le savoir, répondit Tsuneo sans quitter le quartet du regard.

— Je le sais… Tu es bizarre. Quelque chose ne va pas ?

— Non, tout va bien.

— Quand tu es comme ça…

— … Ce n'est rien, seulement quelques soucis à l'imprimerie.

— La fouine ?

— Oui, il m'a fait monter sur la mezzanine, devant son bureau, pour me sermonner ; je travaillais pourtant, même si je rêvais un peu.

— Et que lui as-tu répondu ?

— Rien, on ne peut rien répondre ; il ne faut rien répondre, tu le sais. Il m'offre du travail, c'est déjà bien. Je n'ai pas le droit de me plaindre.

— Enfin, ce n'est pas une raison pour se laisser

faire. Nous n'avons pas à travailler plus que les autres sous prétexte qu'on est des Hibakushas, et tu n'es pas handicapé que je sache. Pourquoi n'as tu rien répondu ?

— Je t'en prie, Billy, parlons d'autre chose, ne donnons pas d'importance à cet idiot. Hajime ne mérite pas notre attention, oublie-le.

Un vide s'installa entre eux, laissant place au ronflement parfois perçant du saxophone. Les musiciens presque immobiles, absorbés par l'exécution des gestes mécaniques nécessaires à leur production musicale, ressemblaient à s'y tromper à des automates. Leurs visages luisaient tellement sous l'effet de la chaleur, de leur concentration extatique, qu'on les aurait crus moulés de cire. Tsuneo, qui avait de toute façon décidé de se terrer dans son monde intérieur, ignorait son ami ; Billy semblait désœuvré. Il ressentait quelque chose pour Tsuneo, une amitié profonde, et cela le rendait fou de le voir dans cet état, à moins que ce ne fût l'inaccessibilité de son ami qui lui eût procuré ces sensations.

Pour sortir Tsuneo de son mutisme, Billy précisa :

— J'ai invité Takako à venir ce soir.

Tsuneo hocha la tête nonchalamment, noyé dans ses pensées. Billy avait invité son employée non par empathie, mais pour lui permettre de voir le jazz vivre, ou plutôt de vivre le jazz. Son absence lui paraissait d'ailleurs étrange, puisqu'elle était habituellement d'une ponctualité sans faille. En réalité, Takako était venue à l'heure au club, même avec un peu d'avance, comme Tsuneo, alors que Billy avec son altercation avait été retardé. Elle était même rentrée dans le club, mais lorsqu'elle avait vu Tsuneo assis, seul à une table, le courage lui avait manqué pour l'aborder de front ; c'est à dire sans la présence de Billy. Elle était donc partie se promener dans la rue pour revenir plus tard, quand les deux amis se seraient retrouvés. Là était le paradoxe qui tiraillait Takako : elle voulait séduire le garçon convoité par Billy, en mobilisant l'aide de Billy.

Ce club sobre plaisait beaucoup à Tuneo, surtout pour son côté apaisant, pour les vertus presque médicinales du jazz. Il ne se lassait pas des mélodies envoûtantes, des changements de gamme fréquents qui donnaient une dimension de liberté indissociable de cette musique. Peut-être était-ce pour cela qu'il était incapable de se concentrer sur les paroles de Billy. Hors des ondes sonores qui lui arrivaient directement des cordes, des peaux et du cuivre, tout lui semblait d'un ennui redoutable.

L'arrivée de Takako fut discrète, quoique sa grande taille attira l'attention de quelques personnes. Mais elle avait l'habitude, car cela avait commencé à l'adolescence où déjà elle mesurait une tête de plus que ses camarades. Elle sembla satisfaite de constater que les deux hommes étaient à présent réunis, et s'approcha de la table, une petite table ronde en métal, entourée de trois chaises dont l'assise était recouvertes de velours rayé. Billy l'accueillit avec un joli sourire.

— Te voilà enfin, dit-il comme s'il comptait sur cette arrivée pour sortir Tsuneo de son mutisme aigu. Je te présente mon ami.

Il fit un geste de la main en direction de Tsuneo qui, au toucher, se retourna afin de regarder la jeune femme. Il s'inclina vers elle pour la saluer.

— Alors, c'est vous… Takako, confirma-t-il empreint de délicatesse.

La jeune femme rougit, et sembla gênée par cette réplique. « Alors, c'est vous » signifiait qu'il avait déjà entendu parler d'elle ; son existence n'était pas neutre à ses yeux. Elle ne répondit pas, mais fut traversée par le regard intense du garçon – ce genre de regard qui avait transpercé le cœur de la femme mystérieuse, le six août. Puis Billy l'invita à s'asseoir, ce qu'elle fit de suite. « Met toi à l'aise » lui dit-il pour qu'elle se débarrasse de son sac, et de la veste tenue pliée sur son avant bras pour éviter les frais de consigne. Billy n'eut pas besoin de faire les présentations car, à chacun de ses deux amis, il avait donné suffisamment de détails sur l'autre.

Cette rencontre étrange où personne ne semblait réussir à s"exprimer paraissait irréelle, et les trois fixaient du regard l'orchestre, la petite scène peuplée d'automates. Vaut-il mieux se taire aux premiers instants ? N'est-ce pas plus intense de communiquer par une sorte de rumination mentale, en lisant les attitudes, le corps de l'autre ? Tsuneo n'en savait rien, mais la fille lui plaisait, il ressentait dans sa stature une grandeur bien supérieure à sa grandeur physique, quelque chose de plus fort, d'implicite, une aura que lui seul aurait pu expliquer. Avec son lourd passé, il s'interdisait pourtant tout sentiment qui le mènerait un jour à affronter le problème de la reproduction, non par égoïsme, mais au contraire parce qu'il ne voulait faire de mal à personne. Quel enfant naîtra de mon sperme irradié ? s'interrogeait-il souvent. Et quelle femme de mon âge, à une période de croissance économique folle, accepterait de n'avoir aucune progéniture au nom du « principe de précaution » ? ajoutait-il à son raisonnement. Le plus simple aurait été d'accepter les avances de Billy, plutôt beau garçon, mais Tsuneo ne ressentait aucune attirance pour les personnes de son sexe, et Billy n'avait pour ainsi dire aucune chance.

La première partie du concert assez tranquille se termina, et les personnes présentes autour des petites tables applaudirent sans ferveur.

— C'est à mon tour, dit Billy.

— Amuse-toi. Soit léger et vole, lui conseilla Tsuneo sans sourire.

Il fit un signe, et se leva discrètement pour rejoindre le carré de la scène, et encercler l'immense contrebasse. C'était la première fois que Takako voyait Billy jouer de son instrument. Elle trouva que cela lui allait plutôt bien, même si la petitesse de Billy par rapport à son instrument paraissaient légèrement grotesques. Le morceau commença par le saxophone ténor seul, suivi de quelques accords de piano, et enfin par la batterie et la contrebasse de Billy. Tsuneo fixait toujours l'orchestre, et Takako songeait qu'avec la puissance de son regard, il aurait pu déstabiliser n'importe quel musicien, s'il le voulait.

Puis, une pensée étrange parcourut l'esprit de Takako : elle s'imagina toute petite, assise sur l'épaule de Billy pendant qu'il jouait. Elle balançait ses jambes dans le vide au rythme de la musique, et penchait sa tête contre le creux de son cou. Cette vision tendre et mélancolique l'envoûta entièrement, à tel point qu'elle se redressa à présent pour parcourir le bras de Billy jusqu'à sa main près des cordes, en écartant les bras comme un funambule. Arrivée au manche de l'instrument sans perdre l'équilibre, elle s'agrippa à une corde, la corde du mi précisément, puis se laissa glisser jusqu'au dessus de la caisse de résonance. Billy, qui jouait pizzicato, ne s'étonna pas que la corde soit étouffée par la jeune femme ; au contraire, cela sembla l'amuser beaucoup. La suite fut plus périlleuse, Takako se retourna sur le ventre et laissa glisser ses pieds dans le vide, puis s'accrocha du bout des doigts contre le rebord de la caisse de résonance. Un moment, elle resta pendue, puis elle relâcha ses doigts et se laissa choir dans l'ouïe, cette ouverture en forme de f si caractéristique. Cette fois, elle était bel et bien à l'intérieur de l'instrument. Englobée de bois et de son, elle se sentait bien.

Combien de temps dure une telle immersion ?

— Voulez-vous boire quelque chose ?

C'était le serveur du bar, qui s'était déplacé jusqu'à la table ronde, imposant froidement à Takako de stopper ses errances hors de la réalité concrète. Elle répondit sans conviction :

— Un jus de mangue.

— … Deux ! S'il vous plaît, renchérit Tsuneo.

Ils progressèrent ainsi dans leur communication

grâce à cette opportunité.

— Vous ne buvez pas d'alcool ? demanda-t-elle à Tsuneo, qui sembla perturbé par la question.

Il dut réfléchir à une réponse crédible, trois, quatre secondes, le plus possible. Quant à dire la vérité… Il la connaissait à peine. Parmi les options possibles, il aurait pu expliquer qu'il était un ancien alcoolique, mais c'était faux, et jamais elle ne l'aurait cru, car les alcooliques revêtent sur leurs visages les traces indélébiles et ravageuses de leur assuétude, ce qui n'était pas le cas de Tsuneo. Alors, il improvisa une autre réponse :

— Je ne bois jamais pas d'alcool, car c'est mauvais pour la santé. C'est un poison, et rien d'autre ! L'ivresse est une réaction de défense, le corps réagit face à l'agression de l'alcool. En plus, cela ne vaut pas la peine de subir une gueule de bois pour quelques instants de volupté. Tout se paye un jour, rien n'est gratuit, pas même ce genre de plaisir.

Takako, satisfaite par cette réponse, hocha longuement la tête. C'était de toute manière rassurant pour une femme – qui par instinct se projetait comme épouse et mère – d'entendre un homme tenir ce discours sur l'alcool.

Billy jouait, figé et luisant comme son prédécesseur. Les jus de mangue arrivèrent sur la table ronde, et à cette occasion, Tsuneo plongea ses yeux dans ceux de Takako au moment de boire – il y a des instants comme celui ci, où un simple regard peut changer une vie, surtout s'il s'agit du premier, celui d'un enfant envers sa mère juste après la naissance par exemple. Ce regard entre eux formalisa quelque chose de profond, d'irréversible, que seul le cœur peut comprendre. Takako ne l'oublierait jamais, ni Tsuneo. Aussi, ils se souviendraient tous les deux précisément du lieu où il s'était accompli. Tout cela tenait à rien : si Billy n'avait pas joué, s'il avait été mis à terre plus sérieusement par l'homme qu'il avait agressé dans la rue, si le serveur les avait feints, ce regard n'aurait peut-être jamais eu lieu, et la vie de Takako aurait pris une toute autre tournure.

Après une heure de jeu, Billy commençait à afficher des signes de fatigue, mais renaissait à chaque fois qu'il devait exécuter un solo de contrebasse, hélas les plus ennuyeux du jazz, presque inaudibles. Ses deux amis l'admiraient quand même, peut-être sans objectivité, mais constataient le sens du rythme et la dextérité qu'il s'appliquait à développer pour les satisfaire. Puis le concert se termina et Billy revint s'asseoir épuisé à la place qu'il avait quittée. Takako le félicita ; il apprécia particulièrement. Puis il dit en se levant :

— On s'en va ? Je dois rapporter la contrebasse chez moi. Vous pouvez m'aider ?

Tsuneo acquiesça, et les trois amis sortirent avec l'énorme boîte de la contrebasse. L'instrument coûtait une fortune, et Billy le partageait avec l'autre musicien, celui de la première partie de la représentation. Il ressemblait à un escargot avec ce paquet énorme sur son dos, avançait aussi lentement, et Tsuneo, plus grand, plus solide, l'aidait en soulevant légèrement la boîte. Takako rit en les regardant porter cette armoire dans les rues brillantes. La bonne humeur se transmit aux garçons. Billy, avec son sens du spectacle et de l'extravagance, faisait l'idiot en courant avec le fardeau, mais manqua de le renverser plusieurs fois. Tsuneo le disputait sèchement, comme un père, et Takako riait davantage. Ainsi, ils arrivèrent à la boutique, qu'ils traversèrent pour monter au premier étage dans l'appartement de Billy. Ils rangèrent la contrebasse dans un coin de la pièce principale, et Billy se jeta sur le canapé en cuir, où il ne tarderait pas à s'endormir. Takako et Tsuneo repartirent en silence, sans claquer la porte pour ne pas risquer de réveiller les voisins.

— Tu habites loin ? interrogea Tsuneo.

— Non, mon appartement est à dix minutes d'ici, à pied. Tu veux me raccompagner ? lui demanda-t-elle sans ressentir la moindre gêne.

Tsuneo accepta, et ils longèrent des rues plus sages, moins clinquantes, et même un peu sombre. Pendant le trajet, ils eurent l'occasion d'apprendre à se connaître, à travers les relations qui les reliaient à Billy.

— Billy est-il comme ça avec toi ? demanda Takako.

— C'est-à-dire : comme ça ?

— Je veux dire : un peu spécial.

— Je le connais depuis longtemps et, tu sais, avant il était pire. Si tu me disais qu'il est ordinaire, je ne te croirais pas. C'est peut-être pour cela que l'on s'entend bien. J'aime beaucoup sa façon d'être, son anticonformisme. Il va jusqu'au bout des choses, c'est rare de nos jours. On ne se ressemble pas, et pourtant, nous sommes si proche...

— Vous êtes très différents, c'est sûr, fit-elle à voix basse.

— On se complète en quelque sorte, on se rend service : il ose quand je n'ose pas, et moi, je l'apaise.

— J'apprécie beaucoup de travailler dans son magasin. Il m'a appris à écouter le jazz à sa manière, ou encore la façon de parler aux clients, de gérer la boutique. C'est un vrai professeur, et j'aime l'énergie qu'il transmet.

— C'est sûr qu'il développe de l'énergie, il en vend même.

— Mais ça plaît, conclut-elle avec réalisme. Nous avons des clients qui viennent juste pour lui, pour sa fougue.

— « Nous avons », je vois que tu t'appropries bien ton métier. Tu as l'air de te plaire à vendre des disques, Billy a de la chance de t'avoir rencontrée.

— Et toi, quel métier exerces-tu ? Billy m'a dit que tu étais « imprimeur de mémoire », mais je n'ai pas bien compris ce que cela signifiait.

— Ah, il est mystérieux parfois. Allons ici pour que je t'explique, répondit Tsuneo avant de se diriger vers un parc pour enfants à la croisée de deux rues.

Tsuneo enjamba en premier la petite barrière métallique qui clôturait le parc, Takako le suivit. Deux gros rondins de bois étaient parallèlement couchés dans le sable, sur lesquels ils s'assirent. La lune émettait une lumière blanche qui révélait le teint diaphane de Tsuneo, et particulièrement la fragilité de sa peau.

Takako soutint sa tête avec le creux de ses mains, et posa ses coudes sur ses genoux — exactement le genre de position signifiant que l'autre vous passionne.

— Alors, l'imprimeur de mémoire ? lui redemanda-t-elle.

— Billy a le sens de la formule, répondit-il en souriant. Je suis effectivement employé dans une imprimerie où l'on fabrique des livres qui concernent la mémoire, l'Histoire, du moins, en ce moment. Ce sont des témoignages romancés, des récits que les auteurs ont écrits pour mettre en garde l'humanité d'un danger qui court aujourd'hui, et peut-être aussi, qui courra plus tard. Mais la formule de Billy ressemble trop à un euphémisme, car j'alimente seulement une presse avec du papier, et je récupère les planches imprimées à la sortie. Ce n'est pas très compliqué, ni glorieux, mais la simplicité peut être une chance.

— Et toi, as-tu lu ces témoignages, ces récits dont tu me parles ?

— … Non.

— Pourquoi ?

— C'est délicat. Je n'ai pas besoin de lire ces témoignages… Et je lis trop lentement.

— Si tu veux, je peux lire ces livres pour toi. Ensuite, je te les raconterai. C'est très simple, tu vois.

— D'accord, mais uniquement si cela ne te dérange pas.

— Non, puisque je te le propose… Et ce danger dont les auteurs parlent, c'est quoi ? interrogea-t-elle.

— Nous sommes à Hiroshima…

Tsuneo avait bien compris l'attirance qui naissait chez cette fille, elle lui plaisait aussi, mais de là à dévoiler qu'il était un témoin vivant… Comment lui expliquer qu'il aurait pu être le personnage principal d'un livre qu'il imprimait ? La laisser lire le récit d'un autre était un premier pas : « Fleurs d'été » de Tamiki Hara serait parfait pour commencer. Évidemment, il l'avait lu et n'avait aucunement besoin de se le faire raconter, mais ne pouvant faire marche arrière, il lui suggéra de commencer par là.

Tsuneo ne dit pas à Takako qu'il rédigeait un manuscrit sur son propre témoignage. Il avait débuté l'écriture peu après sa guérison, et ses premières phrases étaient les suivantes : « Perdu au milieu des ruines, assis sur le néant, le garçon arborait un visage d'ange… » L'excuse de la lenteur de lecture était évidemment fausse aussi, mais pour une raison qu'il ignorait lui-même, il refusait de se confier sur le témoignage des autres. Peut-être cela était-il insupportable à ses yeux, parce que son sens de l'empathie le ferait trop souffrir.

— Allons, il faut rentrer, maintenant. Tu travailles demain à la boutique, et Billy est en train de te distancer en sommeil.

— Oui, il faut rentrer, tu as raison. J'apprécie beaucoup de te connaître mieux. Toi aussi tu es étrange, mais ton étrangeté n'est pas de la même nature que celle de Billy.

— Je m'efforce pourtant d'être normal, le plus normal possible. Mais tu dois avoir raison, je suis étrange. Certaines choses sont difficiles à masquer.

— Dis, on se reverra quand j'aurais lu « Fleurs d'été » ?

— Si tel est ton souhait, nous nous reverrons.

Tsuneo se leva le premier, Takako suivit son mouvement. Les deux jeunes gens sortirent du parc éclairé par le disque lunaire en enjambant à nouveau la petite barrière, laissant derrière eux les rondins de bois réchauffés par leur présence. Tsuneo raccompagna son amie dans des rues toujours plus petites, jusqu'à l'entrée de son appartement. Takako le remercia longuement depuis le cadre de sa porte, et précisa :

— Je dirai à Billy quand j'aurai fini ma lecture, et on se retrouvera tous les trois, ou tous les deux comme ce soir.

Une certaine tendresse se dégageait de leurs attitudes, et surtout un profond respect, peut-être mû par la peur d'aller trop vite, ou de faire erreur. Il la regarda profondément comme il avait regardé la femme dans les ruines du six août 1945, aussi parce qu'il ne pouvait la regarder autrement, et brisa le silence lourdement installé :

— J'aimerais une dernière faveur.

— Laquelle ?

— Que l'on se revoie au Parc de la Paix, demanda-t-il avec gêne.

— D'accord, conclut-elle laconiquement.

Déçue comme si elle s'attendait à autre chose, elle lui posa une bise sur la joue avant de refermer la porte.

Tsuneo parcourut seul le chemin jusqu'à son appartement. Pour atteindre sa porte, il devait d'abord traverser une minuscule cour parsemée de hautes herbes sèches, puis gravir un escalier de bois. Personne ne remarquait cette bâtisse instable, coincée entre des immeubles modernes, mais il était fier de pouvoir louer son appartement par ses propres moyens. Il se coucha sans réel sommeil, pensa qu'il en avait trop dit, trop fait avec cette fille qui lui plaisait. Cette union, si elle doit avoir lieu, ne nous mènera nulle part, objectait-il à son cœur. Pour s'endormir, il se remémora le souvenir frais, presque comique de Billy minuscule sous sa coquille-contrebasse. Ainsi, dans son immeuble construit à la hâte depuis une quinzaine d'années déjà, Tsuneo parvint à tomber dans les bras de Morphée plus facilement qu'il ne l'aurait cru. Cette nuit-là, contrairement à toutes les autres, il ne repensa pas à la femme qui l'avait sauvé du cataclysme, pas directement, mais par procuration, car Takako lui plaisait comme une évidence. Ses traits physiques lui semblaient familiers, presque semblables à ceux de la femme ; son ton sec et son aspect longiforme, ses yeux, son nez. Cela ne peut pas être une réincarnation, pensa-t-il, ce doit être seulement une banale ressemblance comme il en existe des milliers. Pourquoi se convaincre ?

Deux heures plus tard, à travers l'unique fenêtre de sa chambre, la lumière glacée de la lune éclairait son corps dont les muscles se détendaient. Par un effet d'optique que l'on aurait cru volontaire, voire recherché, son visage sembla revêtu d'un étrange masque fait avec des ombres. Il s'agissait simplement de la conjonction des reliefs de sa figure, avec lesquels jouait la laitance lunaire. Son front, son nez, sa bouche, ses joues, ses orbites, et même le grain de sa peau humide, dessinaient des tâches impressionnistes, grises ou claires, desquelles naissait un motif monstrueux.

Comme s'il prenait soudain conscience de ce masque, Tsuneo sursauta dans son lit, s'érigea avant de courir vers la fenêtre pour tirer le grand rideau occultant qu'il avait omis de clore. Il but ensuite un grand verre d'eau et s'assit sur le canapé. Son corps était recouvert d'une transpiration grasse, échauffé par la vision affreuse de sa propre déliquescence.

Ce soir-là, Tsuneo n'arriva plus à retrouver le sommeil. Il resta impuissant, envahi d'une angoisse latente semblable à la brume, sans forme distincte, puis tomba aveuli sur son canapé dans l'attente d'une éventuelle accalmie de son monde intérieur. Au bout d'un long moment, il fut vaguement débarrassé de cette désagréable sensation, et écrivit quatre pages de son histoire, qu'il rangea soigneusement sous le canapé, là où personne ne viendrait les chercher.

Chapitre 5

LE TEMPS S'ÉTIRE

De l'extérieur, l'hôpital de la Bombe semblait dormir. Le bâtiment de forme parallélépipédique, comme beaucoup d'hôpitaux, ronflait au soleil. À s'y tromper, on aurait trouvé dans cette immobilité un refuge idéal. Mais derrière ces façades blanches, inertes, l'activité était importante. Le temps s'écoulait sans retour en arrière possible. Seconde après seconde, les organismes contenus dans l'écrin blanc voyaient leur état modifié. Des phénomènes biologiques se produisaient inévitablement dans l'une ou l'autre orientation que l'évolution peut prendre : positive ou négative, la stagnation étant statistiquement négligeable. Certains organismes s'amélioraient, pendant que d'autres se dégradaient. Le taux de globules blancs, la vitesse de sédimentation, la quantité de cheveux, la purulence des brûlures pouvaient avoir augmenté, ou diminué.

Rien n'était fixe.

Le rôle du personnel soignant consistait justement à maximiser le pourcentage d'évolution positive. Les efforts étaient concentrés pour que les malades puissent guérir, ou améliorer leur état lors d'une évolution négative, considérée comme un échec pour la médecine. Ici, jamais la cause ne pouvait être traitée, c'était le problème majeur de cet hôpital, un problème externe provoqué par l'Histoire. Les patients arrivaient déjà meurtris, la main coincée dans l'engrenage de l'évolution négative, et parfois, le confort et le réconfort étaient les seuls soins utiles ; la guérison étant sans nul doute impossible.

Le docteur Shigetô avait cherché à se doter du pouvoir de ralentir, voire de stopper le temps. C'était l'évolution, lorsqu'elle s'orientait vers une tournure négative qui le poussait à désirer des secondes plus longues, aussi longues que des minutes. Il s'offusquait de proposer exclusivement des soins palliatifs, et se violentait pour aller vite, même s'il n'était jamais plus rapide que les métabolismes, les cellules folles contre lesquelles il n'avait finalement que peu d'influence. En consultation, il tâtait savamment les corps, lisait les comptes-rendus d'analyse dans un réel souci d'efficacité, et incitait ses patients à revenir souvent pour surveiller l'évolution ou l'apparition de leur maladie.

L'échine du docteur se glaçait lors des luttes perdues, l'atteinte d'un point de non-retour après quoi la guérison n'était plus envisagée. Les murs du cabinet tremblaient lorsqu'un diagnostic menait à des conclusions tragiques. Le patient en question ne s'en rendait pas compte, car le docteur dépensait une énergie considérable pour cacher son désarroi, afin de maintenir un soupçon d'espoir dans les yeux de ses patients pour qu'ils y puissent un maximum de force. Il laissait toujours une porte ouverte, soulignait un point positif auquel se raccrocher, en somme, se comportait humainement, et non comme un simple technicien. Pourtant, technicien, il l'avait été les premiers jours après l'explosion, lorsqu'il devait fouiller à main nue dans les blessures, lorsqu'il avait amputé un bras sans anesthésie.

Il n'y avait pas de sentiment, pas de projections dans le futur, et trop souvent, pas d'espoir à fournir à Hiroshima.

Il raccompagna un patient jusqu'à la salle d'attente, un homme de trente ans à qui il ne restait que quelques mois à vivre, et arbora un sourire chaud pour ne pas dire adieu, mais à bientôt. S'il avait pu lire dans les pensées du docteur, l'homme se serait peut-être effondré, mais le docteur l'en avait dissuadé par son attitude majestueuse, et un dosage précis des mots prescrits dans ses formules. Le mensonge, s'il est employé à des fins thérapeutiques, me sera pardonné, pensait-il souvent. Le patient quitta l'hôpital inquiet, mais pas terrorisé. La victoire était là. Que faire d'autre ?

Dans la salle d'attente, le soleil formait des losanges rouges sur le sol carrelé. N'ayant rien d'autre pour se distraire, Naoki contemplait ces formes parfaitement géométriques, et pensait que dans la nature une telle régularité devait être rare. La tête d'une dame assise à ses côtés grignotait la pointe d'un losange avec son ombre : Naoki était perturbé. Il se retint de demander à la dame de se déplacer de quelques centimètres pour laisser le Soleil irradier le sol plus parfaitement. Heureusement, le docteur Shigetô entra dans la salle d'attente et énonça le nom de la dame, qui se leva immédiatement pour filer dans le cabinet. Naoki pouvait enfin contempler son losange platonique, et l'utiliser comme cadran d'horloge en contemplant l'avancement de la pointe sur le sol.

Après que le losange rouge ait glissé de trois carreaux, le docteur revint dans la salle d'attente et invita un patient en pleine santé à le suivre. Il ne s'agissait pas exactement d'un patient, mais d'un homme dont la rémunération était fondée sur la curiosité, qualité première de son métier.

Chapitre 6

L'IMAGE, ET CE QU'ON EN FAIT

Billy gagnait honorablement sa vie avec sa boutique de quatre mètres. Il eut un jour envie de s'acheter une télévision. Tsuneo l'aida à rapporter cet éléphant électrique dans son appartement, au-dessus de la boutique. En prenant garde de ne pas endommager les tatamis, les deux hommes déplacèrent furieusement le sofa de cuir, d'abord au milieu de la pièce, puis contre le mur, et à nouveau au milieu de la pièce. Ils procédèrent en plusieurs temps, gênés par l'encombrante contrebasse. Il était obligatoire de revoir entièrement l'agencement pour placer l'écran magique. La NHK ne diffusait les ondes télévisuelles que depuis 1953, et beaucoup de programmes étaient empruntés de l'autre côté du Pacifique.

Lorsque enfin ils réussirent à placer, allumer, et régler la machine à image, ils se vautrèrent sur le sofa, fascinés, presque hypnotisés par une émission documentaire déjà commencée. Mais qu'importe, ils auraient été satisfaits de tout programme. Le ton du documentaire était académique, et l'image était ornée d'une musique ostentatoire.

Voici ce que les deux hommes entendirent : « La famine demeure, depuis la création du monde, l'ennemi numéro un de l'homme. La guerre contre la nature ne s'est jamais arrêtée, car il faut produire sans cesse davantage de quantité de nourriture pour tous les êtres vivants de notre globe. » Billy regarda Tsuneo, le ton était on ne peut plus alarmiste, mais le narrateur avait la solution : « L'énergie atomique peut protéger les récoltes. Depuis 1948, le ministère américain de l'agriculture, en coopération avec la commission à l'énergie atomique, a fait construire d'immenses serres réservées à la recherche agricole basée sur les isotopes radioactifs. » Des serres étaient filmées, ainsi que d'étranges scientifiques avec des masques, qui mélangeaient toutes sortes de poisons à des échantillons de terre. Billy paraissait hypnotisé par l'écran, ou peut-être par la sottise de ce film documentaire. Tsuneo restait impassible, enfoncé profondément dans le moelleux du sofa, et s'interrogeait sur la pertinence de cette messe. Est-il possible de mentir lorsque l'on diffuse un reportage à des milliers de personnes ? méditait-il naïvement sans avoir la réponse. La télévision était trop jeune pour être mise en doute.

À en croire le commentateur, la science, et particulièrement celle de l'atome, devenait une solution évidente et définitive aux problèmes matériels de base de l'humanité : faim, énergie, santé, environnement. Les deux amis irradiés contemplaient ce spectacle sans s'offusquer, sans y croire, peut-être parce que la télévision leur paraissait intrinsèquement incroyable, et qu'ils étaient prêts à écouter n'importe quoi pourvu que l'image s'anime et qu'il y ait du son.

Dans la suite du reportage, on aperçut un scientifique arborer un sourire narquois en faisant ingérer du calcium quarante-cinq et du phosphore trente-deux radioactifs à une poule.

Vint ensuite un gros plan sur deux pommes de terre disposées côte à côte, dont celle de droite était flétrie : « L'énergie atomique peut également protéger les récoltes après leur moisson. Voyez ces deux pommes de terre : celle de droite n'a subit aucun traitement, elle semble impropre à la consommation, alors que celle de gauche, cultivée dans un sol enrichi en carbonate de calcium, est parfaitement conservée. » C'en fut trop. Billy sembla pris d'un élan de lucidité, et se leva pour tourner le bouton de la télévision et l'éteindre.

— Je crois que je vais retourner aider Takako au magasin, dit-il à Tsuneo qui convint de la pertinence de ce choix.

Les deux amis redescendirent l'escalier de bois qui distribuait les étages pour retourner dans la boutique. Takako rangeait les disques avec une grande application, et avait choisi de diffuser John Coltrane en fond musical. Coltrane s'amusait avec le bec et le corps de son saxophone d'un ton sec et gracieux – c'était sa période clean où il jouait dans le quintet de Miles Davis.

— Alors cette télévision, vous me la montrez maintenant ? interrogea-t-elle.

— C'est la lampe électrique la plus chère que je

n'ai jamais achetée, mais tu peux venir la regarder quand tu veux, lui répondit Billy.

Tsuneo glissa discrètement un petit papier dans le sac de Takako pendant leur discussion, avant de sortir de la boutique pour rentrer chez lui manger, et partir ensuite travailler à l'imprimerie M. Tandis qu'il cheminait dans les rues d'Hiroshima, le ciel se troubla, se noircit, comme si des milliers d'oiseaux en nuées le chargeaient, à moins qu'il n'ait eu cette impression parce que la fouine l'attendait à l'imprimerie, en haut de sa mezzanine pour l'épier encore plus qu'un employé standard – pas comme son essaim de collègues, tous venus d'ailleurs pour repeupler la ruche sinistrée d'Hiroshima, et se gorger de miel. Il n'avait pas le droit de se plaindre, il fallait accepter cela, et Hajime l'avait bien compris en le pressant, en lui parlant moins bien qu'à un chien. D'autres raisons pouvaient tracasser Tsuneo, comme son rendez-vous de contrôle à l'hôpital de la Bombe, dont les résultats pouvaient déconstruire facilement n'importe quel scénario euphorique. Mais pour l'instant, tout allait bien concernant la santé, et Tsuneo chassa ses mauvaises pensées, et continua son chemin en positivant sur sa situation.

Ce fut seulement le soir que Takako trouva le mot enfoui dans son sac. Elle le lut avec attention, même si l'écriture minuscule de Tsuneo l'obligea à s'y reprendre à trois fois, puis elle chauffa de l'eau pour se préparer du thé, et dévorer ensuite son repas en écoutant les informations à la radio. Les nouvelles étaient assez bonnes : Park Chung Hee, président de la Corée du Sud, normalisait le traité d'amitié et de commerce avec le Japon, c'était l'information principale sur laquelle les journalistes revenaient sans cesse en détail. Le soleil s'était sérieusement couché, et Takako savait qu'elle devrait le mimer, mais au lieu de cela, elle se plongea dans la lecture assidue de « Fleurs d'été » de Tamaki Hara. Elle contempla dans ce livre un décor bien connu : l'impressionnante chaîne des monts Chûgoku dont la base estompée par la brume d'été renforçait les cimes, la mer intérieure de Seto, peuplée d'îles léchées par des vagues aux lueurs violettes. Elle vit une bonne partie de la carte du Japon, comme froissée pour laisser apparaître les reliefs.

Tout cela depuis un B29 Superfortress chargé de ce que l'on sait…

Takako reconnaissait bien ce décor, mais en savait peu sur l'histoire de la ville. Bien sûr qu'elle pouvait réciter les événements dans l'ordre, comme n'importe quelle écolière, mais elle n'était pas née ici, et ne connaissait personne de sa famille qui eût péri de la bombe, et surtout, elle n'avait que deux ans en 1945. Elle s'en tenait donc à la version officielle : simple, claire et précise, sans soupçonner que l'histoire ne fournit toujours qu'un impitoyable résumé subjectif d'une situation donnée à un temps donné. Ces pages donc, de Tamiki Hara, l'amenèrent vers l'irréfutable traumatisme d'imaginer son propre corps soumis à une expérience scientifique, telle qu'on l'avait pratiquée sur la population d'Hiroshima le 6 août 1945.

Personne, jamais personne ne lui avait conté en détail ce qui se passait dans les jours, les semaines suivant l'explosion. Elle pensait naïvement comme beaucoup de monde qu'une bombe thermonucléaire annihilait tout, purifiait terre et ciel, comme le feu d'une allumette tue les microbes, et que rien n'en restait. Mais l'épicentre avait une limite, ce qu'elle découvrit, au delà de laquelle on ne mourait pas tout de suite, mais bien plus tard dans des souffrance indescriptibles, et ce, quel que soit le type d'engin employé ou sa puissance.

Pour répondre à l'exigence du petit mot de Tsuneo, elle devrait lire vite, ce qui était impossible avec ce récit. Elle relisait trois, quatre fois certains passages, non parce qu'elle ne les comprenait pas, mais parce qu'ils lui paraissaient incroyables. Parfois, une larme s'invitait sur sa paupière, comme un regret. Elle aurait préféré lire une histoire de prince assassiné, de fée, ou simplement un conte de Grimm. Ce n'est qu'un roman, examinait-elle, la réalité n'a pas pu être aussi triste. Et pourtant, en s'arrachant le cœur, elle commençait à comprendre vers quelle voie Tsuneo l'emmenait, et ne pouvait plus nier cela. Sa lecture devenait de plus en plus laborieuse, elle pensait sans cesse à lui, le projetait dans ce mauvais théâtre qu'il avait vécu.

N'en pouvant plus, elle posa le livre déplié à l'envers sur son lit, et les pages de voix qui s'élèvent embrassèrent ses draps humectés de larmes.

Chapitre 7

LE CARNET

Naoki attendait sagement sur une petite chaise sans perturber les ombres. À l'arrivée du docteur, il se leva et le suivit vers la salle de consultation. Il s'agissait d'une modeste pièce fonctionnelle, impersonnelle aux tons clairs et agréables.

— Asseyez-vous, ordonna froidement le docteur à Naoki.

Celui-ci s'exécuta, tira la chaise métallique, et prit la parole avant même d'avoir installé son fessier sur l'assise :

— Monsieur Shigetô, je me présente : Naoki Omura, journaliste au H Shinbun. Je souhaiterais parler des victimes de la bombe dans mon journal, des soins que vous dispensez dans votre hôpital, et si possible dresser un portrait qui ne soit pas trop pessimiste de la situation actuelle.

Le docteur le regarda avec un air ahuri. Il se tenait à son bureau, un bureau sans prétention, mais de très bonne facture. Naoki ne mesurait pas la sottise de sa requête, il poursuivit son introduction :

— Acceptez-vous de m'aider à rédiger cet article,

de me fournir quelques informations ?

Il fallut un certain temps au docteur pour trouver une réponse à cette sollicitation incroyable.

— Vous êtes optimiste, finit-il par dire.

— Oui, il le faut, consentit stupidement Naoki.

Naoki rencontrait le docteur pour la première fois. Il était évident que l'homme l'impressionnait par son expérience, sa stature et son courage. Il ne connaissait que partiellement son histoire, mais en avait suffisamment entendu pour forger sa propre opinion sur le personnage. Il n'avait pas prévu cependant le comportement du docteur, sa réaction face au souvenir, ou encore son désir éventuel de partager son expérience. Mais il était venu pour cela, et le docteur lui répondit :

— L'optimisme me semble ambitieux pour le sujet que vous aurez à développer. Combien de temps avez-vous pour écrire votre article ?

— J'ai tout mon temps, docteur.

— Alors, je vous écoute…

— Moi ? s'étonna Naoki, déstabilisé.

— Oui, vous. Et choisissez bien vos questions ! Soyez précis, il ne s'agit pas de plaisanter avec ce genre de sujet.

— Je vais tenter de l'être au mieux.

Le journal H Shinbun lui confiait son premier article important, hors des faits divers de seconde zone qui l'occupaient jusque-là. C'était donc crucial qu'il se démarque par le traitement d'un sujet délicat, polémique. Cela expliquait la stratégie choisie de dresser un portrait positif, car ce risque pris pouvait rapporter gros en terme de notoriété. Il s'attendait à recevoir un flot d'informations de la part du docteur sans avoir à poser de questions. Il pensait que donner la parole à un homme peu écouté serait facile ; ses rivaux auraient jeté des détritus à la figure de Naoki s'ils avaient constaté sa naïveté déconcertante. Il avait bien préparé quelques questions, mais ne pensait même pas les utiliser. Envahi d'un sentiment de honte, il rougit nerveusement ; heureusement qu'il n'y avait aucun témoin.

Le docteur attendit, impavide.

Une fois ressaisi, Naoki lui demanda simplement :

— Pouvez-vous m'expliquer comment sont prises en charge les victimes de la bombe ?

— Vous voulez dire, les personnes atteintes de cancer du sang ou d'autres cancers.

— Oui, par exemple.

— Eh bien, c'est très simple, nous respectons la loi.

— Je n'en doute pas, docteur. Seulement, j'ai besoin de précisions supplémentaires pour rédiger mon article. Pouvez-vous m'indiquer le déroulement, le choix des traitements, les affaires administratives…

Le docteur tapa du poing sur la table, et cria :

— Il n'y a aucun miracle ici qui soit digne de faire sensation dans un journal !

— D'accord, répondit Naoki sans lever les yeux, ni le crayon de son carnet. Vous ne voulez pas m'en dire plus ?

— Si, fulmina le docteur en tapant une nouvelle fois sur la table, mais concevez bien que l'optimisme semble incompatible avec votre sujet.

— Je vais y réfléchir…

Naoki marqua un silence – une vieille astuce de journaliste pour faire dégoiser l'autre. Le docteur le rompit :

— Selon la loi japonaise, toute personne qui se trouvait à Hiroshima le 6 août 1945, à moins de deux miles de l'hypocentre de l'explosion, reçoit gratuitement l'aide de l'état pour ses soins, quelque soit la maladie. Cela concerne soixante-sept mille personnes. Elles reçoivent un carnet de santé pour « personne fortement irradiée » lorsqu'elle se rendent pour la première fois à l'hôpital. Il y a aussi vingt cinq mille personnes qui ont reçues un carnet pour « personne irradiée standard » : celle-ci se trouvaient au delà du cercle de deux miles, elles ont droit à un examen annuel gratuit.

— Je note, et en ce qui concerne les chiffres, que pouvez-vous communiquer d'autre ?

— Depuis dix ans, voyez-vous, il y a eu quatre cent trois morts, pour une capacité de cent quatre lits. Calculez, retournez autant que vous voudrez ces nombres, ne le montrez pas s'ils vous semblent trop mauvais, je ne vous en voudrai pas. J'assume.

Naoki transpirait. Son crayon de papier – le seul crayon qui fonctionne en toutes circonstances – glissait entre ses doigts moites. La possibilité de présenter la situation sous un jour favorable s'éloignait à chaque réponse du docteur, comme si cela était intrinsèquement lié à son sujet. Il était pourtant prévenu. Le docteur semblait mû par une force infinie, sans rancœur, sauf peut-être pour les journalistes et les voyeurs. Ce qui frappa Naoki fut la stature, le charisme avec lequel cet homme tenait son bureau : les mains à plat, rangées de façon symétrique. Le docteur Shigetô n'affichait aucun tic, aucune mimique, rien dans son attitude ne laissait soupçonner une quelconque névrose.

Il semblait évident, surtout pour le docteur, que Naoki était impressionné et doutait encore de sa légitimité en tant que journaliste de terrain. On sentait une certaine imprécision, de l'hésitation dans son attitude, dans sa respiration et son regard. Naoki marqua un temps de réflexion. Une question le tentait plus que toutes les autres, mais il se demandait s'il était correct de la poser, si elle ne fermerait pas définitivement toute discussion avec le docteur. Finalement, il se redressa sur sa chaise, et décida de prendre ce risque :

— Comment savez-vous que les patients que vous traitez sont des victimes. Je veux dire, comment pouvez-vous être sûr que la bombe soit à l'origine de leurs pathologies ?

Le docteur fit un léger bond sur sa chaise sommaire, ses dents grincèrent. C'était pour ce genre d'ineptie, par ailleurs légitime, qu'il détestait recevoir des journalistes. Des fossoyeurs sans scrupules, pensait-il à leur propos. Sa réponse fut aussi précise qu'une incision dans un corps frais, probablement préparée et ressassée de nombreuses fois, tellement cette question était inacceptable et prévisible :

— Ici, nous n'appelons pas les patients : « victimes », mais tous les scientifiques du monde s'accordent à dire que les radiations de la bombe atomique provoquent des leucémies.

Naoki nota sérieusement la réponse sur son carnet dans un souci de neutralité, fit de gros efforts pour ne pas laisser transparaître son accord ou désaccord avec le docteur. En fait, il était plutôt satisfait par la formule du docteur : elle lui semblait démontrer l'intelligence de cet homme. Sans mentir, et en usant d'objectivité, après tout ce qu'il avait pu vivre, il répondait sans qu'il soit possible de le contredire.

Après cette question gênante, le docteur lui dit :

— Si vous voulez du positif, je peux néanmoins faire quelque chose pour vous. Vous me semblez vrai, après tout.

Les mots « néanmoins » et « vrai » consternèrent Naoki, qui resserra son crayon gluant pour ne rien manquer des révélations qui arrivaient à lui. Que veut dire cet homme indécodable ? pensa-il. Le docteur Shigetô possédait-il des envies inavouées que l'on parle d'Hiroshima en termes positifs, dépassait-il la douleur de chacune des morts qu'il avait dû annoncer aux familles ? Il avait simplement trouvé un subterfuge astucieux pour satisfaire la curiosité et l'élan d'optimisme de Naoki, et reprit son explication :

— Interrogez monsieur Harada, c'est un de mes patients, un de mes anciens patients plus précisément. Il a été gravement atteint d'une leucémie pendant son adolescence jusqu'à l'âge de dix-huit ans. Nous l'avons traité ici, et il semble reconstruire sa vie depuis. Allez lui poser quelques questions. Vous verrez, il travaille, il est bien intégré dans notre société. Mais faites attention, c'est une personne simple, vous n'en tirerez probablement rien de sensationnel. Je pense qu'il sera un bon exemple d'optimisme et de réussite dans tous les cas, vu d'où il est parti. C'est ce que vous vouliez, n'est-ce pas ?

Naoki notait les mots suivants sans regarder le docteur : Harada, ancien patient, leucémie jusqu'à dix-huit ans, sociable, introverti. Il apercevait le bout du tunnel de cet entretien étrange. Le docteur lui dit en se levant pour le raccompagner :

— Maintenant si vous voulez bien, des patients ont besoin de mon aide. Voici l'adresse où il faut vous rendre pour mieux comprendre monsieur Harada.

Il lui tendit un papier gribouillé. Naoki se rendit compte en sortant qu'il était trempé de sueur. Il n'avait même pas retiré sa veste, et le fit illogiquement à cet instant, puis se dirigea vers l'extérieur, tiraillé au ventre par une décharge de satisfaction. J'ai oublié de remercier le docteur, pensa-t-il soudainement. Mais il était trop tard, il ne pouvait plus retourner dans le cabinet de consultation, car une autre personne y était à présent, et la porte était fermée, tant pis. Il ajouta sur son carnet tous les détails nécessaires, et s'échappa de l'hôpital.

Dehors, sur le parvis, il se retourna et resta immobile durant quelques secondes : le parallélépipède rectangle blanc lui paraissait trop grand. Il songea à tous les yens qu'il avait fallu dépenser pour construire un tel hôpital. Finalement, se dit-il, on parle souvent du coût du projet Manhattan, du coût de la recherche et du développement des bombes A et H, mais jamais du coût des réparations : c'était bien vu. Même s'il ne parlerait pas de cela dans son article, il compléta son raisonnement en rajoutant le coût humain qu'il se refusait toujours d'estimer tant il lui semblait inestimable.

Mais au fait, combien coûte une vie humaine ?

Chapitre 8

DISQUE ET FICELLE

La contrebasse était pour Charles Mingus un instrument « noir », vierge de tout soupçon. Car le racisme avait ouvert une blessure dans sa vie, qui ne se referma pour autant dire jamais. Lorsque l'on est trop blanc pour les noirs, trop noir pour les blancs, comment trouver sa place ? Lorsqu'il fut sujet à des crises de paranoïa, ou encore lorsqu'il claqua la porte de l'orchestre de Duke Ellington après une prise de bec avec le tromboniste Juan Tizol, Charles Mingus s'écorchait à vif, peut-être pour mieux exprimer ses blessures par la suite. Billy l'écoutait attentivement, il diffusait dans la boutique l'album « Pithecanthropus Erectus », aux accents inexplicables et révolutionnaires.

Il était évident que Charles Mingus cassait les codes, décloisonnait les instruments de l'orchestre, et le plus important pour Billy : on distinguait très bien la contrebasse. Dans cet album, on pouvait entendre d'inquiétantes complaintes d'oiseaux émises par les saxophones ténor et alto, puis la cacophonie mourir soudainement pour donner vie à de mélodieux passages. Pour celui qui veut découvrir les sons étranges qu'un saxophone peut émettre, c'est l'album idéal, notifiait Billy.

L'après-midi coulait donc au fil du jazz dans la boutique de quatre mètres, pendant que dehors les feuilles mortes tombaient – Billy, lorsqu'il entendait cette expression, ne pouvait s'empêcher de répondre que les feuilles n'étaient en définitive que des entités de l'arbre, sans vie propre, puisque sans reproduction possible, et qu'il trouvait cette expression de « feuilles mortes » ridicule.

Deux hommes entrèrent dans la boutique, maigres et vifs comme des chats. Le premier attrapa Billy par le col, et le deuxième lui lia les mains dans le dos avec de la ficelle, puis procéda à la ligature précise et rapide de ses chevilles. Ils étaient vêtus de vestes grises en feutre, pas trop austères, mais viriles. Billy gît par terre et se tortilla comme un ver. Comme il faisait trop de bruit, l'homme petit le bâillonna avec un torchon en coton emporté au cas où…

Ni une ni deux, ils firent demi-tour, emportèrent au passage quelques disques dans les bacs, au hasard. Billy transpirait pour son cas, et pour ses disques. Ils vont mettre le feu à la boutique, et les vinyles fondront, pensait-il en s'imaginant déjà une coulure visqueuse et noire au fond des bacs. L'homme petit expliqua :

— Ça t'apprendra à réfléchir avant d'agresser les gens, vermine !

L'autre homme arracha l'album « Pithecanthropus Erectus » de la platine tourne-disque en s'indignant vers son compagnon de bagarre :

— Tu as vu quelle horreur ils écoutent dans ce trou !

À l'instant de leur visite, on entendait les saxophones suinter en produisant des sons proches du sifflement des sirènes d'alerte à la bombe. L'homme jeta le disque dans la poubelle avant de sortir définitivement, suivi de près par son collègue.

Billy resta ligoté pendant plus d'une demi-heure, durant laquelle aucun client ne vint. Takako est en retard, pensait-il. C'est son horaire, jamais il ne l'avait attendue avec autant d'impatience. Comme par obsession ou fétichisme, il s'imaginait une scène qui n'avait pas eu lieu : il voyait son ravisseur tenir le disque de Charles Mingus et le chauffer par dessous avec un briquet à essence. Au passage de la porte, Takako lâcha son sac en l'apercevant dans cette inconfortable posture, puis s'agita vers lui en ne sachant comment agir, avant de saisir du bout des doigts la paire de ciseaux posée sur le comptoir pour le libérer. Une fois la libération correctement entreprise, elle le serra dans ses bras, pour la deuxième fois depuis son embauche. Billy est décidément incroyable, il n'a pas pu se ligoter tout seul, c'est impossible, réfléchit-elle avec lucidité. Elle s'attendait à tout de sa part, même à l'éventualité qu'il se ligote tout seul pour se donner en spectacle.

— Merci ma princesse. Je peux t'appeler princesse ? demanda-t-il comme un enfant.

— Pourquoi pas, mais pas devant les clients, alors, lui indiqua-t-elle.

Comme toujours après un typhon, le calme revint, et Billy raconta en détail son épopée à Takako, tout en s'abstenant de lui révéler l'origine de l'agression. Il sortit le disque de la corbeille, puis le brandit en s'offusquant des paroles notifiées par ses agresseurs envers Charles Mingus. On l'aurait cru satisfait d'avoir vécu une scène si intense, digne d'un film d'Hollywood. Takako n'osa pas le questionner, l'agression pouvait être l'œuvre de malfrats de passages, car Hiroshima était devenue moins sure avec tous ces orphelins livrés à eux-mêmes, mais pourquoi n'avaient-ils pas soutiré d'argent à Billy ?

— Il manque des disques ! s'étonna-t-elle en fouillant dans les bacs.

— Ne t'inquiète pas, Princesse, Billy les rachètera. Tu pourras bientôt les revendre, lui répondit-il avec un air blessé.

Vers la fin de la journée, Takako fila hors de la boutique, et Billy se retrouva à nouveau seul. L'incident de l'après-midi, bien qu'il ait feint de ne pas avoir été touché devant Takako, renforça la paranoïa propre à son caractère. Comme le lait sur le feu, Billy menaçait toujours de mousser, puis de jaillir hors de son contenant. Il grouillait de l'intérieur, et ne se sentait plus en sécurité dans sa boutique. Après ce jour, il fut animé toutes les nuits d'un fantasme de puissance absolu. Dans un rêve tortueux et caricatural, il tentait de résoudre intimement le conflit principal qui rongeait son estomac : son homosexualité non concrétisée qu'il cherchait ridiculement à justifier. Après chaque réveil, il se sentait perturbé, transpirant et meurtri de constater qu'il n'avait pas réussi à lutter contre sa nature.

Dès le début de l'adolescence, il avait ressenti les mêmes pulsions que Kochan dans « Confession d'un masque » de Yukio Mishima, et s'était senti animé par la même attirance pour un genre de garçon viril et ignorant, outil absolu de désir et de frustration. La simple évocation de la toison sous l'aisselle de ce garçon imaginaire, visible lors d'un cours de barre fixe, éveillait en lui suffisamment de remous intérieurs pour le chahuter, et laisser déferler dans sa poitrine une vague de sentiments. La mer d'ailleurs, et plus globalement l'eau, semblait liée à son rêve étrange que voici :

Échoué sur un rivage désert d'une île de la mer intérieure de Seto, il mouillait son radeau de fortune dans l'écume tranquille pour rejoindre la baie d'Hiroshima. Lors de cette odyssée, il se retrouvait entouré par l'étendue liquide sur son petit radeau, accompagné de cinquante Néréides chevauchant des dauphins, et tenant des tridents à la main. Malgré la présence de toutes ces nymphes, il se laissait emporter par une solitude intense. Au plus profond de cette solitude, il apercevait un corps nu d'éphèbe dans les reflets de la houle, et s'extasiait devant son galbe aux proportions insolentes. Alors l'image mouvante de cette anatomie lui caressait l'œil, et le pervertissait jusqu'à l'onanisme, puis l'orgasme. Son liquide séminal se répandait ensuite dans l'eau salée, mêlé à la biologie marine pour féconder les cinquante Néréides qui nageaient autour du radeau.

Dans ce rêve, Billy réalisait simplement un fantasme de fertilité absolue, et accomplissait son désir de descendance sans avoir à entrer en contact avec la chair d'une femme. Non que les femmes le répugnaient, mais elle ne provoquaient en lui aucune sensation de désir, aucune attirance physique, ne pouvant se transformer en relation amoureuse. Il avait déjà essayé d'embrasser une fille, plusieurs même, mais son cœur se déchirait toujours au moment de poser ses lèvres sur celles d'une camarade de classe, suite au vertige de l'absence de sensation. L'effet de vide ressenti dans sa poitrine le ramenait fondamentalement à sa différence, alors qu'un simple contact parfois inopiné avec la main d'un jeune homme le rendait fou. Même s'il n'affichait pas clairement ses ambitions, il sentait son échine parcourue par une décharge électrique.

En somme avec ce rêve récurrent, il se libérait des contraintes matérielles que son orientation sexuelle lui imposait. Mais ce n'est pas tout, Billy s'angoissait aussi de la qualité de sa substance, car il avait été irradié en 1945 ; 19XX préférait-il dire pour nommer cette année maudite, la pire de toute selon lui. Certains n'arrivaient pas à avoir d'enfant, ces rayons avaient détruit pour eux l'espoir d'avoir un jour une descendance. Comme si la simple évocation de cette année dont il taisait le nom accélérerait la décadence, et rapprocherait inextricablement son évocateur de l'échéance de la mort. C'est pourquoi l'idéalisation de la fertilité en tant que symbolique de la vie éternelle le taraudait profondément, au point de modifier le contenu de ses rêves sans qu'il en ait conscience.

19XX, répétait-il en nettoyant le sol de la boutique, cette année est peut-être la pire de toute l'humanité. Comme les autres, il avait appris pour Auschwitz – et pour les diverses industries de la mort qu'il regroupait dans ce nom suffisamment évocateur – mais il ne savait pas dire si c'était pire, ou plus cruel que l'expiation du peuple d'Hiroshima.

— Les morts d'Auschwitz ont souffert de manière inimaginable, trop peut-être pour que l'on puisse se représenter leur douleur, mais à présent, on ne meurt plus de l'holocauste ; la souffrance survit au passé, et persiste dans la blessure morale, pendant que nous, à Hiroshima, vingt ans après, on continue de mourir comme des mouches, on continue d'expier…, se dit-il à haute voix en fixant le comptoir.

Hitler s'était suicidé, le nazisme était désormais considéré comme l'aboutissement d'un délire paranoïaque, et l'Allemagne tentait de se reconstruire, comme le Japon. Les uns comme les autres luttaient contre leurs démons, et à Hiroshima, on mourait toujours de la bombe, les malades affluaient à l'hôpital, reconstruit méticuleusement en prévision de la vague de cancer qui déferlerait sur la ville. Ce qui effrayait Billy, était qu'un jour son nom s'ajoute à la liste interminable des victimes. Il y pensait tout le temps, y compris à cet instant précis où il balayait le sol de la boutique. La probabilité de voir un jour ses globules blanc se multiplier à l'infini faisait partie de son existence ; demain peut-être ? Cette menace le ferait trembler jusqu'à son dernier jour. Alors de colère, il jeta son balai, s'accroupit contre un bac de disques ; bien qu'il n'ait ressenti aucun symptôme de sa future déchéance. C'était une blessure qui l'envoyait à terre, violente et pathétique, provoquée par la torture subtile de son orgueil, par la torture d'Hiroshima. Il serra sa tête entre ses mains, repensa à la douleur qui peut-être le tiraillerait demain, à cette épée de Damoclès, et pleura comme le saxophone alto du disque de Charles Mingus, ce disque aux accents étranges et envoûtants, ce disque qui pourtant le rassurait d'habitude.

Chapitre 9

LE REFLET NU

Chez lui, Tsuneo se déshabilla pour aller se coucher. Il détestait la nudité, cette forme de vulnérabilité du corps qui évoquait pour lui des souvenirs désagréables. Dans sa petite salle de bains, il n'aimait pas non plus se retrouver face à lui-même, face à son reflet aplati dans le miroir. Il avait parfois la sensation de voir un corps étranger, et finissait par douter de la légitimité de l'image renvoyé par la vitre chromée qui surplombait son lavabo. Il détourna donc son regard une première fois, et commença à enfiler son pyjama. Dans l'exiguïté de sa salle de bain, il perçut toujours son reflet – ou la présence inéluctable de ce reflet dans une partie lointaine de son champ de vision. Trop perturbé, il quitta la salle de bains pour finir de se préparer.

Comme si la peur attisait sa curiosité et l'enivrait, il ne put s'empêcher de vérifier s'il était, oui ou non, certain que la personne aperçue dans le miroir était bien lui. Il traversa donc à nouveau le cadre de la porte de sa salle de bains, et se pencha lentement pour regarder le monstre effrayant. Comme s'il s'approchait d'une bête dangereuse qui à tout moment pouvait lui sauter à la nuque, et lui percer une carotide. Il aperçut d'abord le reflet de sa main droite. Tout allait bien. Puis lorsque son corps envahit davantage le rectangle brillant du miroir, l'image du reflet de la salle de bains devint grise, comme l'écran de la télévision de Billy. Tsuneo se voyait maintenant complètement nu, sur fond de salle de bain grise. Il ne ressentait plus aucune peur, mais une appréhension persistait, un pressentiment que quelque chose allait se passer. Le décor gris de la salle de bains se transforma ; il fut projeté dans les ruines du six août 19XX.

Une fois les pieds posés sur les cendres lunaires, il se mit à sourire, d'un sourire inexplicable visible de loin. Il pensa fort à Takako – souriait-il pour elle depuis le six août 19XX, peut-être sans en avoir conscience – avant de voir grandir sa silhouette filiforme au plus profond du champ atomique.

Elle ne sembla pas effrayée, et vint à lui en balayant la surface avec la légèreté d'un souffle, riant même de manière insolente. Lui, naïf, la laissa s'approcher sans résister pour l'accueillir dans ses bras. Maintenant qu'elle l'étreignait, il se sentait protégé, rassuré par cette enveloppe de chair rose. La poussière grise, dont il sentait encore l'odeur, recouvrait son visage. Il était sale comme un mineur après une journée sous terre, alors que Takako avait la blancheur d'un lys. Sa peau fraîche contrastait avec les tons mornes de la scène, elle portait un kimono traditionnel, soyeux et tapissé d'un algorithme de petits monts Fuji.

La verticalité de cette femme donnait le vertige à Tsuneo. Elle le rendait fou, il devenait doux, lisse, et se sentait rassuré dans ses bras. Je dois lui dire qui je suis, pensait-il. Ce n'est qu'un rêve ; tout ça est le théâtre de mon imagination, de ma folie peut-être, pensait-il, oppressé par une ambivalence terrible. D'un côté, il était dommage de laisser cette femme l'aimer, car il s'imaginait la rendre inéluctablement malheureuse, et d'un autre côté, sa présence thérapeutique soulageait ses maux les plus violents. Que faire ? Je ne peux plus lui mentir, me taire, je dois lui parler, décida-t-il.

Après ce choix, l'image de Takako se mua.

Elle devint la femme qui avait pris Tsuneo sous son aile, la femme aux mains brûlées, aux cheveux tombants. Puis, comme une évaporation, l'image fournie par le miroir redevint celle de la salle de bains. Tout était normal, et Tsuneo fut envahi d'une fatigue immense. Il consigna cette vision dans son manuscrit, puis se laissa choir comme une feuille dans son lit.

Le lendemain, il ne se souvint d'aucun rêve. Son sommeil avait dû être lourd. Il repensa à la salle de bains, et hésita un moment avant de s'y rendre pour faire sa toilette. Cette fois, rien ne changeait, à part que son reflet le dérangeait toujours. Il ne se familiariserait probablement jamais avec l'image de son corps, pourtant normal en apparence. Tout ça vient du cœur, on ne lutte pas contre son cœur, pensait-il en se résignant.

À l'imprimerie, la journée passa vite, dans les saccades de feuilles noircies par des milliers, des millions de caractères. Hajime le surveillait tout particulièrement depuis le jour où il l'avait surpris en train de flâner. Il marchait beaucoup sur la mezzanine, et descendait parfois l'escalier de fer pour vérifier le travail et surtout, la cadence. Des employés l'avaient déjà aperçu en plein éclat de rire, mais rarement pendant les heures de travail. Tsuneo ne lui en voulait pas d'être parfois tyrannique : il faut bien que l'on honore les commandes, se disait-il. Il sentait aussi que cet homme voulait se donner une apparence dure, peut-être parce qu'il avait peur de ne pas être respecté par ses employés. Quoi qu'il en soit, Tsuneo était un employé facile et consciencieux, sur qui on pouvait compter, et cela, Hajime l'avait bien compris.

Parfois, Tsuneo pensait ce qu'il ne voulait pas penser, disait ce qu'il ne voulait pas dire, et son cœur était envahi d'un grand trouble. En contemplant les feuilles et leur surface criblée de lettres sortir de la presse dans un éternel recommencement, il avait l'impression que la mécanique de son cerveau fonctionnait de façon identique. Le temps passait, mais le même contenu semblait jaillir de manière cadencée, revenir toujours. Il imaginait aussi qu'une personne supérieure, omnisciente le surveillait comme la fouine pouvait le surveiller dans l'imprimerie, mais bien au-delà. Ces doutes le perturbaient toujours, et il se demandait encore s'il était bien judicieux de parler à Takako, de lui dévoiler les bouleversements, ou s'il était préférable de se taire.

À travers la vitre de son bureau, Tsuneo surprenait Hajime en train de tirer périodiquement le coin de ses rideaux lisses. Cela devait partir d'une bonne intention, pensait-il, au fond, il ne veut de mal à personne. Il n'y a rien de reprochable pour un patron de vouloir s'assurer du bon fonctionnement de son entreprise. Après tout, c'est son argent qu'il engage, et si l'imprimerie fonctionne bien, nous serons tous payés. Tsuneo avait raison, Hajime n'était probablement pas aussi dur qu'il voulait le laisser croire, et ces manifestations de pouvoir devaient simplement traduire une certaine anxiété, une maladresse dans ses relations avec les autres.

Une femme très élégante de l'âge de Hajime arriva sur la mezzanine. Elle entra dans le bureau vitré sans frapper. Son visage affichait une expression indescriptible, ni joyeuse ni triste. À travers les rideaux lisses, Tsuneo apercevait leurs silhouettes s'animer lentement, comme des ombres chinoises endormies. Ils étaient debout tous les deux, et la femme semblait parler seule. Hajime l'écoutait avec attention, sans bouger, la tête dirigée vers le sol. Une dizaine de minutes de concertation plus tard, elle ressortit avec lui, l'air encore plus atone, comme si des nuances pouvaient exister dans la neutralité. Ils disparurent tous les deux du champ de vision de Tsuneo. À son retour, le comportement de Hajime semblait différent, plus empathique, il revint seul. Tsuneo ne le reconnaissait pas, il semblait préoccupé ou troublé par la visite de la femme, c'était le soir, peu avant la fin de son travail.

Tsuneo se changea au vestiaire, la tête pleine de questions, de plans et de suppositions. Il ne savait pas quelle solution était la meilleure, il doutait de lui-même comme jamais, mais commençait à accepter l'idée qu'il pouvait plaire à Takako et la rendre heureuse. Évidemment, des conditions seraient indispensables à cette réussite, et parmi elles, la nécessité de lui dire toute la vérité sur son histoire. Il ne voulait pas la trahir, ni la duper ou lui vendre de faux espoirs, ce n'était vraiment pas son genre. Puis en fonction de sa réaction, il continuerait ou non cette relation.

Longtemps, il s'était interdit d'aimer une fille, de l'embrasser, et même le jour de ses dix-huit ans lorsqu'il était encore malade, il refusait les baisers de quiconque voulait lui en offrir. Tsuneo se sentait, comme beaucoup de Hibakushas, souillé par cette bombe sale. La trace indélébile des rayons sur sa peau, à l'intérieur de son corps, et pis, la somme de tous ses traumatismes lui avait fait perdre espoir et confiance en l'avenir, au point de vouloir sacrifier son propre plaisir pour ne pas contaminer de tristesse les membres de son entourage. Ainsi, en se déshabillant, en retirant cette seconde peau artificielle, la peau sociale, il se sentait plus nu que jamais, et ses craintes étaient ravivées comme une flamme sur laquelle on souffle.

Chapitre 10

MILLE GRUES S'ENVOLENT

Tsuneo retrouva comme prévu Takako au Parc du Mémorial de la Paix. Elle semblait désolée, car elle n'avait pas terminé le livre qu'il lui avait demandé de lire. Non pas qu'elle ait manqué de temps pour le lire, mais sa lecture lui avait semblé trop terne, trop difficile. « Je peux te raconter le début si tu veux » lui dit-elle, mais ce n'était pas nécessaire car Tsuneo connaissait parfaitement ce roman. Elle n'avait pas réceptionné non plus la perche tendue lorsqu'il lui avait expliqué l'autre soir : « Je n'ai pas besoin de lire ces témoignages. » Mais simplement, il n'arrivait pas à lui exprimer de manière concrète ce vers quoi il l'emmenait par des méandres. Cela lui semblait trop difficile, ou plutôt, la peur de la voir fuir en courant l'inhibait.

Ce fut donc sans grandes paroles que Tsuneo l'accompagna au pied de la grande statue de Sadako Sasaki. Elle connaissait vaguement la légende des mille grues – prônant que quiconque confectionnait mille grues verrait un vœu exaucé – mais ne voyait pas le lien entre cette légende et la magnifique statue de bronze. Car Sadako Sasaki, posée sur un socle de granite en forme d'obus évidé, restait déployée vers l'éternité.

Tsuneo lui fournit quelques explications :

— Sadako Sasaki est tombée soudainement malade, alors qu'elle était en excellente forme auparavant. Elle pratiquait la course à pied, et c'est d'ailleurs après une compétition qu'elle s'est mise à ressentir des vertiges épouvantables pour la première fois. Ce fut alors le début d'une longue et difficile maladie qui la rongerait. Son amie, Chizuko, venait régulièrement lui rendre visite à l'hôpital. Elle lui raconta la légende des mille grues. Alors, elle confectionna des grues en papier le jour, la nuit, pendant les visites de sa famille ou de ses amis qui parfois l'aidaient pour gagner du temps. Toute la journée, elle pliait du papier afin de guérir du mal qui la frappait injustement.

— L'origami comme remède, c'est original, s'étonna Takako.

— Oui, elle mettait vraiment toutes ses forces à confectionner ces grues en papier. Hélas, elle n'eut pas le temps d'atteindre les mille grues nécessaires à son vœu de guérison. Elle n'en plia que six cent quarante-quatre, ce qui déjà était un exploit. Les gens viennent donc ici se recueillir, sur ce monument dressé par ses amis pour perpétuer sa mémoire, et aussi pour tous les autres enfants victimes de la guerre. Ne trouves-tu pas que cette histoire est triste ?

— Si, bien sûr. C'est impossible de rester indifférent. Mais que pouvons-nous faire contre la guerre ?

— Contre la guerre ? Eh bien, il me semble qu'il faudrait commencer par la comprendre, pour ne pas reproduire les erreurs du passé. Et pour cela, il faut transmettre la mémoire, par les monuments, l'art, la littérature, etc... As-tu compris l'origine de sa maladie ?

— La bombe, c'est ça ?

— Oui. À Hiroshima, personne n'y échappe.

— Tu veux dire : personne n'y a échappé ?

— Non, personne n'y échappe, c'est précisément ce que je veux dire. Même les gens venus comme toi pour repeupler Hiroshima. Personne ne peut effacer entièrement une plaie du diamètre de la ville. Les gens ici sont atteints d'un virus mortel qui dort en eux. Une personne peut courir un jour, et mourir le lendemain, comme Sadako Sasaki. Cette blessure est dans les yeux de tout le monde, ici. Ceux qui n'en souffrent pas en subissent la vue, ou les souffrances induites par empathie. Personne n'y échappe. Regarde Billy, regarde-moi. Nous sommes des enfants de la bombe, nous la portons en nous. Elle est écrasante. C'est parfois insupportable.

— Je n'aime pas quand tu parles comme cela. Tu me fais peur !

— C'est pourtant la vérité.

— La vérité ? Comment peux-tu prétendre détenir la vérité ? Allons ailleurs, je n'en peux plus de ces horreurs. Et tais-toi s'il te plaît.

— Excuse-moi.

Il allait trop loin.

Tout cela était inutile.

Au pied de la statue ailée de Sadako, gisaient des grues de papier nouées qui formeraient des guirlandes multicolores. Il y en avait des tas, de quoi sauver la fillette plusieurs centaines de fois. Cette statue d'une grande élégance symbolisait la légèreté de l'enfance, du papier, ainsi que la grâce qui se dégage à l'envol de la grue, lorsque l'animal déploie ses ailes pour se déconnecter du sol, comme si l'oiseau majestueux voulait extirper la fillette de son lit d'hôpital. Des milliers d'écoliers de tout le pays confectionnaient et envoyaient des guirlandes multicolores à Hiroshima. En quelque sorte, la mémoire de Sadako mobilisait l'attention et la force de la jeunesse pour perpétuer le message de la paix.

En marchant en direction du musée, Takako se rappela de la vision qu'elle avait eue d'elle-même, lorsqu'elle s'était imaginée couchée, longue d'une cinquantaine de mètres, et portée par des mains nombreuses sorties de la terre. Cette vision la ramena à son propre égoïsme, elle qui n'avait jamais connu la souffrance, ni la douleur. Elle se sentit désormais coupable d'une faute qu'elle définissait mal. Peut-être était-ce de l'ignorance, ou quelque chose de semblable. Pour éviter de paraître trop dure, pour tenter de réconforter Tsuneo, elle lui dit :

— Ce n'est pas grave. Je comprends que tu sois triste, toi qui vis ici depuis ta naissance, mais il ne faut pas que tu deviennes une personne aigrie. Ce n'est pas en remuant le couteau dans la plaie sans cesse que tu te sentiras mieux, bien au contraire. Je pense que tu dois vivre avec ta douleur, tu ne pourras pas le rejeter si facilement, il vaut mieux que tu apprennes à l'apprivoiser.

— Billy t'a parlé de ma douleur ?

— Non, il ne se confie pas beaucoup à moi.

— Il ne te dit vraiment rien ?

— Je suis son employée, son amie, je le console parfois comme une mère, mais il ne me dit rien sur votre histoire. Par exemple, au début de mon contrat, il quittait presque tous les jours la boutique en me laissant toute seule. Cela ne me dérangeait pas, j'appréciais d'avoir la responsabilité de gérer les clients, de choisir les disques à diffuser, et surtout qu'il me fasse confiance dès les premiers jours. Au début, je croyais qu'il allait jouer de la musique avec ses amis, mais très vite, j'ai compris que ce n'était pas le cas.

— Comment sais-tu qu'il n'allait pas jouer de la musique ?

— Une contrebasse, ça se voit, non ! Il habite au-dessus de la boutique, et s'il était sorti pour jouer de la musique, je l'aurais vu partir ou rentrer ne serait-ce qu'une fois avec sa contrebasse. Or cela ne s'est jamais produit. Je ne sais toujours pas où il partait en vadrouille, mais un jour il est rentré en larmes, complètement effondré. J'étais d'abord ennuyée, ne sachant que faire, puis je l'ai simplement serré dans mes bras pour le consoler. Il s'est ensuite calmé, mais ne m'a rien raconté. Je ne sais pas quel venin l'avait empoisonné ce jour-là, mais il devait être puissant.

— Je peux te faire part de son secret.

— C'est mal, ne fait pas cela à ton ami.

— Si, pour mieux que tu nous comprennes, nous les Hibakushas, il faut que je te raconte où il était.

— Je vais me boucher les oreilles.

— Non, c'est idiot, tu dois connaître la vérité.

— Arrête avec la vérité, ce mot ne veut rien dire.

Tsuéno brûlait de dévoiler un des secrets de Billy à son amie. Il lui semblait nécessaire que cette femme étrangère à la ville comprenne ce qu'étaient devenus les autochtones survivants. Pour cela, il était prêt à trahir le silence de Billy. En réalité, il refusait de s'engager avec elle tant qu'il ne l'avait pas prévenu des risques encourus, c'était une sorte de test d'épreuve. Et quelques jours auparavant, devant son miroir, il s'était juré de tout lui avouer. Alors, bien qu'elle ne soit pas prête à l'entendre, il lui conta l'histoire de Billy :

— Billy a perdu une personne dont il était très proche, c'était sans doute la personne dont il était le plus proche : sa tante Itsuko, une femme très douce qui palliait au mieux la mort de sa sœur. Billy était orphelin, car sa mère avait été soufflée comme un grain de sable par la bulle de gaz incandescents du six août, et Itsuko faisait office de mère de substitution pour Billy. Mais elle tomba malade. C'est parce que son état de santé se dégradait de jour en jour, et qu'elle allait mourir dans peu de temps, qu'il partait sans cesse de la boutique. Il courait jusqu'à l'hôpital pour la réconforter, ou simplement pour lui rendre visite. Même si ce lieu l'effrayait, il s'y rendait avec courage pour la soutenir jusqu'à son dernier souffle. Si tu l'avais vu amener des friandises, des concombres, du miso, et des fruits frais, en espérant la nourrir. Itsuko n'en pouvait plus de le voir arriver avec des sacs de provisions, comme si par miracle, son appétit et sa faim pouvaient réapparaître. Même si la lucidité de Billy dépassait parfois son énergie, il continuait de veiller sur sa tante bien-aimée, de lui poser des baisers frais sur le front ou sur les tempes. Il faisait des efforts impressionnants pour paraître joyeux devant elle. Plusieurs fois, il a débarqué dans l'hôpital avec sa contrebasse. Le personnel n'était pas d'accord, mais Billy aurait donné sa vie pour sauver sa tante, alors apporter une contrebasse dans un hôpital ne l'aurait pas arrêté. Puis un jour, il est rentré vers toi en larmes. Peut-être aurait-il dû confectionner des grues en papier, ou accomplir je ne sais quel rituel, mais je doute que cela aurait changé quoi que ce soit. Dans la vie, on peut lutter contre beaucoup de choses, cela fonctionne parfois, mais pour certaines, la lutte est perdue d'avance. Il ne faut pas que cela te fasse peur, il ne faut pas que Billy te fasse peur : il a réagi humainement, simplement, et on ne peut pas lui reprocher d'avoir agi dans le sens de la vie. Tu sais maintenant pourquoi il partait inopinément de la boutique.

Takako ne sut quoi lui répondre. Au fond d'elle-même, elle voulait savoir ce que faisait Billy lors de ces nombreuses disparitions, cette curiosité était enfouie dans son cœur alors qu'elle la trouvait malsaine. Seulement, elle ne s'était pas imaginée ce genre de scénario, elle pensait plutôt à quelque chose d'original, imprévisible, un peu fou, dans la lignée du caractère de Billy – ou plutôt du caractère que Billy voulait transmettre au reste du monde. Elle voyait maintenant Billy porter un masque blanc de lait, le même genre de masque que l'on revêt au carnaval de Venise, au profil légèrement triste, pailleté sur le dessus, avec un losange sous l'œil gauche symbolisant une larme. Une perle de liquide salé vint d'ailleurs trembler sur le bord de la paupière inférieure de Takako, que Tsuneo essuya délicatement du revers de son index. Takako ensuite, se laissa enlacer par son ami, bien que cette étreinte n'eût rien d'un acte amoureux. Simplement, elle comprenait de mieux en mieux qui étaient ces gens étranges, cette race d'êtres humains irradiés dont les corps parlaient à l'agonie.

Soudain, Tsuneo crut rêver. Il vit en face de lui, à cent mètres environ, un homme dont il reconnut parfaitement la silhouette. Cet homme, il le redoutait, c'était Hajime. Droit comme un I, statique devant le Cénotaphe – un mémorial recouvrant un coffre contenant les témoignages écrits des survivants – et restait statique et concentré à contempler l'alignement entre le Cénotaphe, la flamme de la paix, et le Dôme de Genbaku, seul vestige conservé dans l'état après l'explosion. Alors que Takako était dans ses bras, qu'il avait réussi à lui faire comprendre le message qu'il s'écorchait à transmettre, Tsuneo fut incapable de penser à son amie. Il ne voyait que la fouine, et se questionnait sur sa présence ici.

Par-dessus l'épaule de Takako, il s'imagina que cette visite avait un caractère touristique, rien de plus, mais cela ne correspondait pas au profil de la fouine, veillant à ne jamais rien faire d'inutile, et ne semblant pas vouer de culte à l'histoire ni à la beauté. Ce qui semblait tracasser le plus Hajime était l'efficacité de son imprimerie. Mais pourquoi aurait-il embauché Tsuneo alors qu'il pouvait tomber gravement malade à n'importe quel moment ? Il devait y avoir autre chose. La fouine ne pouvait pas venir ici gratuitement, c'était inconcevable.

Takako le ramena à la raison :

— Billy, ce n'est pas son vrai nom, n'est-ce pas ?

— Non, répondit simplement Tsuneo.

— J'ai l'impression que c'est la personne qu'il aimerait devenir.

— Il veut juste oublier le passé, comme beaucoup de monde, mais je ne pense pas qu'il veuille spécialement changer de personnalité. Il s'est totalement approprié ce prénom, il est devenu « Billy ». Et c'est une muraille qui lui permet de cultiver son jardin secret. Il justifiait ce changement comme cela lorsqu'il a décidé de modifier son prénom. Je n'ai jamais cherché à l'en dissuader, et tu le connais, il est trop libre pour que l'on puisse le convaincre.

— C'est vraiment quelqu'un d'incroyable. Est-ce parce qu'il aime la musique américaine, le jazz particulièrement, qu'il a choisi ce prénom ?

— Il s'identifie beaucoup aux musiciens noirs de l'Amérique. Tu sais, il pense vivre comme eux une sorte de racisme, enfin, disons plutôt qu'il se sent parfois rejeté de la société, comme un esclave affranchi qui se retrouve projeté dans un monde dont il ne possède pas les codes.

— Cela ne m'étonne pas de lui. Je ressens beaucoup de peine pour sa tante, Itsuko. S'il m'avait parlé, s'il avait fait tomber ne serait-ce qu'un peu cette « muraille » comme tu dis, j'aurais peut-être pu l'aider mieux.

— Ne te culpabilise pas, c'est inutile, et reste toi-même. Si Billy n'a rien dit, c'est qu'il avait ses raisons. J'espère que tu ne m'en veux pas de t'avoir avoué son secret.

— Non, mais j'ai du mal à accepter les nouvelles tristes, surtout que c'est un patron généreux, il me considère beaucoup. Je ne vais plus savoir quoi lui dire maintenant.

— N'aie pas peur, je lui dirai ce que tu sais pour son prénom, pour Itsuko, et il ne t'en voudra pas. Tu l'imaginais comme quelqu'un d'extraverti, mais Billy est très timide au fond. Comme tu le vois, les apparences ne veulent jamais dire grand chose.

— C'est vrai. Rentrons maintenant, je commence à avoir froid.

— Oui, rentrons, conclut Tsuneo en tricotant ses doigts dans les siens.

Dans leur dos, et sans que Tsuneo n'y prête attention désormais, Hajime commença à trembler devant le Cénotaphe. Tsuéno n'avait pas rêvé, c'était bien lui, la fouine. Hajime ne venait pas ici pour une simple promenade. Comme pour beaucoup de monde, il cherchait un endroit où se recueillir. Il connaissait le risque, et ce à quoi il serait confronté à l'instant précis de son recueillement, mais avait décidé de revenir tenter l'expérience.

Au-dessus de lui dans le ciel azur apparurent, sous forme de nuages, les fantômes de trois membres de sa famille. Des formes moutonnées comme des vapeurs gémissantes et blanchâtres. C'était sa sœur, son père, et son grand-oncle qui lui jetaient des regards terribles. Lorsque ceux-ci se mirent à le sermonner, tous en chœur, à l'insulter presque, il se recroquevilla comme un hérisson au devant d'un danger. Les trois nuages déchaînèrent sur lui des mots comme s'il s'agissait de perles de grêle aux angles acérés :

— Tu as eu la vie sauve et tu continues encore tes caprices, les mêmes caprices que pendant ton enfance ! Vas-tu changer un jour ?

Le pouvoir ne doit pas passer par la force, pensait Hajime en se recroquevillant davantage, lui qui pratiquait ce quoi il était en train de reprocher. Puis les nuages continuèrent d'admonester le hérisson :

— Quel fainéant es-tu ! Pourquoi attends-tu pour venir nous rendre visite ? Tu hésites ? Si tel est le cas, alors pourquoi ne pas faire preuve d'un peu plus de courage ? Ah, il est beau d'exercer son autorité dans une imprimerie, de se sentir puissant ! C'est la honte qui t'empêche de te mouvoir jusqu'ici ? Est-ce parce que nous n'avons pas de tombe que tu refuses de fouler le sol de ce parc ? Dis le nous une bonne fois pour toute : je veux oublier mes proches, leur souvenir me pèse, il est trop lourd pour mes épaules minuscules. Dis le !

S'il avait pu creuser un terrier dans le bac de gra-

vier où baignaient les flancs du Cénotaphe, Hajime
l'aurait fait. Il ressentit une immense culpabilité de
n'être pas venu depuis cinq ans se recueillir, manifes-
tée peut-être sous cette forme. Les affaires prennent
tout mon temps, pensa-t-il, et je suis actif pour votre
mémoire. Tiens, j'imprime Tamiki Hara, c'est une
preuve que je ne vous oublie pas, non ? J'emploie un
Hibakusha : en voici une seconde preuve. Que
voulez-vous de plus ? argumenta-t-il.

Hajime confondait l'empathie et la mémoire,
même si ces deux notions sont souvent liées. Il se
sentit ridicule lorsqu'il réalisa qu'il était roulé en
boule devant le monument, et surtout, qu'il n'était
pas seul. Ce fut une des raisons qui le dissuadaient de
venir ici trop souvent. À chaque visite, il se mettait
dans des états impossibles, se ridiculisait devant des
passant ahuris. Lorsqu'il se déroula enfin, il se releva
avant de jeter un vif regard pour vérifier le ciel. Mais
rien, il n'y avait plus un nuage. L'azur donc, seule
couleur que l'atmosphère refuse de filtrer, remplissait
son champ de vision percé uniquement par l'astre
solaire. Hajime quitta le parc en courant, et chercha à
se noyer dans les rues de la ville, à disparaître, à
vidanger sa mémoire encore remplie de visions
atroces. Il n'était pas près de revenir ici, du moins,
pas avant cinq ans.

Chapitre 11

LES MANCHES DE SON CHANDAIL

Naoki arriva près de la boutique de quatre mètres. Il trouva un homme frêle et jaune : Billy, qui flânait devant une affiche. L'employée de caisse, Takako, rangeait des pièces et sourit d'une manière qui lui sembla sincère. C'était agréable de rentrer dans la boutique car dehors, le vent soufflait, comme sa chevelure ébouriffée pouvait en témoigner. Il y avait des milliers de disques, dont presque tous étaient inconnus de Naoki. L'univers du jazz n'était pas le sien, il préférait les œuvres naïves et enfantines : particulièrement celles de Mozart. En passant sa main dans ses cheveux, il s'approcha d'un bac, mais ne savait pas par où commencer, ni quoi regarder. Billy le jouxtait, et lui proposa de l'aide. Naoki lui demanda mièvrement :

— Vendez-vous des disques de Mozart ?

Billy le conduisit au fond de la boutique, près d'un bac intitulé « musique classique ». Ce bac était de loin le moins rentable de la boutique, mais Billy ne voulait pas laisser ses clients repartir sans avoir trouvé ce pour quoi ils étaient venus. En cela, il possédait une réelle intelligence commerciale, que l'on pourrait relier à l'image qu'il donnait de lui, et même à son attitude.

Devant le bac d'une quarantaine de centimètres de largeur contenant les disques de musique classique, Naoki semblait perdu. Avec son majeur et son index, il basculait les pochettes sans même regarder les images ni lire les titres. Pour être honnête, il aurait pu directement expliquer l'objet de sa visite, mais il doutait. Pendant un moment, il s'était imaginé que monsieur Harada était Billy, mais cela l'avait étonné, car le docteur lui avait parlé d'une personne plutôt réservée, ce qui ne correspondait pas du tout à l'apparence de ce type vêtu d'une chemise à grosses fleurs, dont les cheveux englués étaient soigneusement tirés vers l'arrière. Visiblement, le docteur Shigetô s'était moqué de lui, ce qui en somme ne l'étonnait pas vraiment. Il n'a pas apprécié ma question sur l'origine des maladies, et m'envoie dans ce couloir saturé de disques pour me ridiculiser, pensait-il. Alors, il bascula de plus en plus rapidement les pochettes, et Billy lui demanda :

— Vous cherchez quelque chose de particulier ?

— Non, rien de précis, répondit-il.

— Billy est honnête avec ses clients, monsieur, et ici nous vendons essentiellement du jazz. Peut-être recherchez-vous autre chose ?

— Je ne sais pas vraiment ce que je recherche. Enfin si, mais je ne recherche pas de disque pour ainsi dire. Est-ce vous, monsieur Harada ?

— Absolument pas. Et vous, qui êtes-vous ? Vous

ne semblez pas connaître monsieur Harada, à ce que je vois.

— Non, pardonnez-moi, j'aurais dû me présenter : Naoki Omura. Je suis journaliste au H Shinbun, et une personne m'a suggéré de venir ici afin d'interroger monsieur Tsuneo Harada. Vous le connaissez peut-être ?

— Billy peux vous aider, mais à une condition ?

— Laquelle ?

— Que vous achetiez un disque de jazz.

— Eh bien, si vous y tenez, c'est d'accord. Mais je ne connais rien au jazz. Vous devrez m'aider pour choisir.

Billy alla près de la caisse, puis revint avec un disque entre les mains.

— Celui-ci sera parfait. Jamais vous n'aurez entendu de musique comparable.

Billy lui tendit la pochette du disque « Pithecanthropus Erectus » de Charles Mingus. Naoki l'accepta ; il n'avait de toute façon pas d'autre choix que de céder à cette forme de chantage. S'il entendait les saxophones hurler à la mort, il prendrait cela pour une mauvaise plaisanterie. Ce qui arriverait probablement lorsqu'il rentrerait chez lui, quand il poserait ce vinyle étrange sur le plateau de son tourne-disque. Mais pour l'instant, tout ce qui intéressait Naoki était de parler avec monsieur Harada, alors il joua le jeu de Billy sans broncher. Takako encaissa sans un mot, mais avec un joli sourire, et les paupières sensiblement remontées.

— Pourquoi souhaitez-vous interroger particulièrement monsieur Harada ? demanda Billy en posant son coude sur le comptoir.

— C'est un peu délicat. Vous semblez le con-naître… Est-il proche de vous ?

— Billy est ami avec beaucoup de monde, et tout spécialement avec monsieur Harada.

— Je souhaite lui poser quelques questions sur sa vie actuelle, lui demander comment il rebondit après la grave maladie qu'il a subie.

Takako écarquilla les yeux.

Son sourire disparut soudainement avec cette der-nière phrase de Naoki. Elle crut rêver. Jamais Tsuneo ne lui avait parlé de sa santé. Elle savait qu'il avait survécu au bombardement, elle savait pour la tante de Billy, Itsuko. Elle avait eu quelques explications devant la statue de Sadako Sasaki, mais jamais il n'avait été question d'une maladie grave concernant Tsuneo. En plus, il semblait si fort, c'était incohérent. Elle ne comprenait plus rien à rien, tout s'emmêlait dans son esprit.

— Qui vous a informé de cela, demanda Billy ?

— Je ne sais pas s'il souhaite que je vous dévoile son nom.

— Dites-moi son nom, ou partez ! menaça Billy.

— C'est le Docteur Shigetô.

Fumio Shigetô connaissait Billy.

Il avait tenté de sauver sa tante Itsuko en vain. Mais Billy ne ressentait aucune rancœur, car il avait compris les méthodes du docteur, qui l'avait même plongé dans la confidence. Lorsque sa tante Itsuko était malade, le docteur informait assidûment Billy de son état réel, il lui indiquait aussi la démarche à adopter durant les visites dans sa chambre, ce que l'on pouvait dire ou ne pas dire. Le docteur ne jouait pas au théâtre, il n'était pas metteur en scène, seulement, il s'investissait en psychologie. Ce qui l'avait incité à développer ses connaissances dans le domaine des relations humaines, des attitudes, des codes et des réactions, était son impuissance rendue chronique par les ravages des rayons atomiques. Comme il refusait de rester inactif ou fataliste, il tentait de progresser dans un domaine où son action pouvait être effective et mesurable. Il avait désamorcé le conflit entamé avec le personnel lorsque Billy débarqua avec sa contrebasse dans l'hôpital. Il l'avait autorisé à pénétrer dans la chambre autant qu'il voudrait avec son instrument, aussi efficace que la morphine contre la douleur.

J'en parlerai à mon ami, et il choisira ou non de vous répondre, proposa Billy.

— C'est d'accord, répondit Naoki. Je peux revenir dans une semaine, est-ce que ce délai sera suffisant ?

— Oui, je pense que ce sera suffisant, répondit durement Billy.

Takako était partie dans l'arrière-boutique. Elle se réfugiait pour pleurer. Sa poitrine fut assaillie d'une souffrance difficilement définissable. Peut-être était-ce une sorte de colère ? Non, pensait-elle. Il s'agissait en fait d'une forme d'empathie, qu'elle ressentait pour la première fois réellement. Il avait fallu qu'elle s'attache à ce garçon pour arriver à se projeter dans la douleur des victimes de la bombe. De notion, elle passait à sentiment. Elle comprit ce jeune homme qu'elle imaginait fort. Non, il n'est pas immortel, mais il a survécu deux fois à l'horreur. Je suis une idiote, tous ces messages, les perches tendues sans cesse… La naïveté l'envahit, elle mesura son attachement. Je ne veux pas que tu meures. Tu n'as pas été malhonnête avec moi. Ce n'est pas facile d'avouer ses faiblesses à une femme, encore moins si on l'aime.

Naoki partit. Quelques minutes après, Takako se ressaisit, essuya ses larmes avec les manches de son chandail, et retourna dans la boutique.

— Tu sais tout, maintenant, dit Billy en la serrant chaudement dans ses bras.

C'était à son tour de la consoler :

— Tu sais, Tsuneo a beaucoup souffert, bien plus que moi, lui dit-il. Je me souviendrai toujours de ses dix-huit ans. Nous avions fêté son anniversaire à l'hôpital, c'était terrible. À ce moment-là, nous étions tiraillés, car normalement, lorsque l'on fête l'anniversaire d'une personne si jeune, c'est dans un élan d'optimisme, avec la conviction que l'avenir réserve son lot de bonnes choses. Mais Tsuneo était allongé dans son lit, maigre comme un chat et très affaibli. Il ne mangeait plus rien depuis une semaine. Le docteur Shigetô semblait peu confiant, même s'il nous laissait croire le contraire, il me l'a avoué plus tard lors d'une discussion à propos de ma tante Itsuko – je ne l'ai jamais dit à Tsuneo. Nous faisions des efforts surhumains pour paraître enjoués, mais fêter un anniversaire avec une personne qui n'a même plus la force de se nourrir est difficile. Fallait-il lui proposer de partager la nourriture avec nous ? Devions-nous le laisser couché, à regarder le plafond comme un cadavre, ou l'asseoir ? Que serait-il dans deux ans le jour de Seijin no hi, au rite de passage à l'âge adulte, à la mairie ? Il dit souvent qu'il est resté un enfant au fond de lui.

Billy marqua un silence court, et Takako posa sa joue sur son épaule, puis il reprit sa musique :

— Et miraculeusement, il s'est remplumé. Précisément, sa guérison a débuté après l'anniversaire dont je te parle. Ses maux avaient débuté à l'âge de quinze ans environ, puis il s'était préparé à l'idée de mourir à vingt ans déjà. Il aura fallu trois mois après l'anniversaire pour qu'il reprenne suffisamment de poids et de force pour sortir de l'hôpital. Cela était très progressif, le temps semblait s'étirer. Nous étions très heureux de le retrouver sain et sauf. Nous avons vécu tous les trois ici, au-dessus de la boutique, avec ma tante Itsuko. Elle nous adorait. Si tu savais le temps qu'elle passait à cuisiner pour nous, à préparer des plats succulent... Lorsqu'il a recouvré toutes ses forces, Tsuneo est parti travailler à l'imprimerie M. Je crois qu'il aime ce travail, même si parfois Hajime est maladroit avec ses employés. Ensuite, il s'est trouvé cet appartement très modeste, mais il me semble qu'il apprécie sa liberté, surtout qu'Itsuko n'est plus là pour nous faire de petits plats. Elle n'est plus là pour nous donner son affection sans limite, ou nous gronder comme elle seule savait le faire. Tsuneo est une sorte de demi-frère pour moi.

Takako alla s'asseoir derrière le comptoir, Billy restait debout. Elle ne pleurait pas, mais ressentait une grande tristesse en comparant son destin à celui de ses deux amis. En fixant un point imaginaire situé quelque part dans l'air de la boutique, Billy conclut :

— Voilà, maintenant, tu sais tout sur nous, sur nos imperfections. Nous n'avons pas choisi de vivre tous ces événements, mais ils font à présent partie de nos existences de manière irréversible. Peut-être que nous ne pourrions plus vivre si l'on nous retirait nos histoires, comme s'il s'agissait d'organes vitaux. L'orgueil nous est impossible, et nous avons appris à accepter nos tares comme les boiteux. Maintenant que nos vies sont ainsi, il nous semble inconcevable qu'elle aient pu être différentes, pires ou meilleures, alors nous continuons à enchaîner les journées, les cycles du Soleil sans trop penser au malheur qui pourrait s'abattre sur nous comme un violent orage, ou un typhon sanglant.

Que valait la vie de Billy, de Tsuneo, ou encore de Itsuko ? Valait-elle plus, ou moins, que la vie du colonel Paul Tibbets, ou encore celle d'Harry S. Truman ? Les décennies passaient pendant qu'on riait en Amérique, que depuis longtemps le quotidien avait enseveli la mémoire du drame d'Hiroshima avec ses victimes. La croissance économique était un parfait subterfuge, on inventait une industrie nucléaire miraculeuse. L'inondation de biens de consommation, parfois utiles, souvent superflus, captivait l'esprit des masses, plus occupées à réfléchir à leur avenir matériel qu'à l'Histoire. On vendait tous les jours de quoi rendre obsolète ce qu'hier était à la pointe, les publicitaires décuplaient leur pouvoir hypnotique sur les foules, et tout le monde semblait heureux. La croissance infinie, les ressources en hommes, de la terre aussi ; l'aveuglement était à la hauteur de l'illusion. Billy, face à l'immensité réaliste de ses pensées cessa de chercher à estimer la valeur de sa vie, ou celle de sa tante, et demanda à Takako :

— Comment vas-tu nous voir à présent ?

— Eh bien, toujours comme des hommes, répondit Takako en soupirant.

— C'est ça, comme des hommes, répéta Billy d'un air pensif.

Le vent soufflait fort dehors, les feuilles sanguines ornaient constamment l'air dans son volume. Ce phénomène ponctuait la vision offerte par la porte vitrée, à travers laquelle Billy admirait les points rouges aux trajectoires imprévisibles. Takako et Billy restèrent silencieux, figés comme des poupées de chiffon pendant presque dix minutes. La mort des feuilles finirait tôt ou tard par former des tas de pourriture dans les recoins de la ville, contre les portes ou sous les bancs publics. En somme, les feuilles d'Hiroshima dont les cellules s'étaient gavées de césium 137 après l'explosion, ressembleraient aux êtres humains de la ville, même si leur fin était infiniment plus poétique. Elles possédaient le pouvoir de virevolter, se tortiller sur des coussins d'air afin d'exhiber leur beauté prétentieuse. Une feuille peut-elle chuter sans grâce ?

Chapitre 12

LES MAUVAISES HERBES, LA MER

Il fallut une semaine à Billy pour convaincre Takako de chevaucher sa moto. C'était une Bridgestone série 90 de 1964, un des derniers modèles qu'Ishibashi – nom du fondateur qui se traduit en anglais par Bridgestone – produirait avant de se consacrer uniquement aux pneumatiques. Billy l'avait achetée neuve et s'en donnait à cœur joie dans les terrains vagues proches des chantiers navals Mitsubishi de la baie d'Hiroshima. Cette frénésie effrayait Takako, car la vitesse semblait enivrer Billy. N'acceptant pas de grimper sur l'engin la première, elle regarda Tsuneo se cramponner gaiement au ventre de Billy pour faire un tour. Lui, ne semblait pas inquiété par la vitesse. Les jours précédents avaient été secs, et les roues de la Bridgestone série 90 soulevaient une quantité infinie de particules de poussière. Un nuage naissait derrière eux, fuyant vers la baie, allant mourir sur la mer intérieure de Seto.

Billy ne portait pas de casque. Il l'avait prêté à Tsuneo. Mais peu importait, tant la protection promise par ce casque était relative. Les deux garçons filaient à toute allure, ils balayaient la surface plane du terrain vague en exécutant des allers et retours parfaitement rectilignes. Takako les observait, glacée au milieu du tracé, assise en tailleur. À chaque fois qu'ils roulaient vers elle, Billy lâchait le guidon d'une main pour lui faire un signe, puis il abaissait sa tête pour foncer. Il voulait partager avec elle son enthousiasme et son plaisir de voler au-dessus des mauvaises herbes.

Après tout, les deux amis semblaient heureux, à rouler sur une ligne virtuelle pouvant être mortelle à la moindre déviation. La précarité ainsi ressentie leur permit peut-être de mieux saisir la réalité de leur existence, de s'assurer qu'il ne s'agissait pas d'un rêve, ni d'un cauchemar. Mais surtout, Billy était le principal maître du risque sur sa moto. Il avait l'impression pour une fois de « tenir le guidon », la fatalité pouvait être évitée. La mort, si elle surgissait maintenant, serait méritée, presque volontaire. Un incident mécanique semblait peu probable sur une moto récente, mais pas impossible, ils auraient pu rouler sur un objet perçant, éclater un pneu et s'écraser sur le sol en une fraction de seconde, mais cela n'arriva pas.

En roulant trop vite, Billy choisissait d'augmenter ses chances de mourir à cet instant précis, même si paradoxalement, il tenait à la vie, et ne souhaitait pas blesser ni tuer son ami. En conduisant ainsi, la sensation de danger venait de lui, essentiellement de lui, c'était si rare… Alors, il poussa sa machine aux limites de ses capacités, mit les gaz à fond, et le nuage de poussière grandit derrière eux.

Takako s'inquiéta, se releva pour mieux discerner ses amis furieux, comme si cela pouvait les inciter à ralentir ou avoir une quelconque influence. Elle se retint de lever les mains, de faire des signes, car elle était terrorisée par le risque de les déconcentrer et de provoquer un accident. Elle n'aurait pas voulu assister à cela, et regrettait maintenant d'être venue ici avec eux. C'était un jeu de garçon, idiot, et Billy voulait la faire monter sur la moto... Il était fou, complètement fou !

Heureusement, ce jour-là, il n'y eut pas d'accident. Billy avait maîtrisé le danger, il n'avait pas rencontré de problème mécanique, il n'avait pas entraîné Tsuneo dans la chute. Pourtant, il aurait pu, à vitesse maximale devant Takako, ou lors d'un retournement périlleux en bout de piste. Ils étaient revenus vers elle, et reçurent ses grondements :

— Vous allez trop vite...

Elle était angoissée ; son tour arrivait.

— Promets-moi que tu iras lentement, quémanda-t-elle à Billy, qui acquiesça sans couper le moteur.

Il mettait des coups d'accélérateur pendant que Tsuneo descendait de la machine tout sourire.

— Elle est extraordinaire, fit Tsuneo.

Il retira son casque avant de le poser sur la tête de Takako. Ce casque en cuir ressemblait à un vieux casque d'aviateur, et Takako avait une drôle de mine avec cet objet sur le crâne. Tsuneo rit de la voir ainsi, mais elle ne parvenait plus à sourire.

— Accroche-toi, lui dit Billy. Il est temps pour toi de vivre la liberté...

Le moteur rugit.

Takako crispa ses bras autour du thorax de Billy, il étouffait. Ce fut impossible d'atteindre des vitesses folles, tellement elle lui comprimait le ventre pour lui réclamer de ralentir. Billy eut très peur, car il crut à tout moment qu'elle voulait se jeter par terre. Elle était terrorisée. Il ralentit donc au rythme d'un vélo, légèrement plus vite peut-être ; elle respira à nouveau. C'était inutile d'insister, Takako ne semblait éprouver aucun plaisir et pis, subissait avec terreur cette épreuve. Il retourna donc près de Tsuneo qui les admirait, une brindille entre les dents. Takako n'attendit pas l'arrêt complet de la série 90 pour descendre. Elle se jeta dans les bras de Tsuneo qui s'en voulut de l'avoir convaincue avec zèle de monter sur cet engin mécanique.

Au contact du sol, elle sembla prise d'une crise de nerf et gesticula dans tous les sens. Il la tint par les biceps afin de la calmer, posa son front contre le sien.

— Vous êtes fous ! sanglota-t-elle. Comment peut-on inventer des machines aussi dangereuses, aussi effrayantes ?

Billy rit, alors que Tsuneo semblait désolé. Elle pleura de plus en plus fort, puis cria en tambourinant sur le torse de Billy, qui coupa le moteur et lui dit :

— Ce n'est rien, tu riras bientôt ! Allez va, arrête d'en faire un drame. Billy a été doux avec toi. Ne pleure plus, c'est agaçant à la fin.

C'était facile pour Billy de lui demander de ne pas pleurer, à elle qui n'avait jamais connu frontalement le malheur, à elle dont l'esprit était vierge de tristesse.

Il n'était pas en colère, mais ne concevait pas qu'il soit possible de développer autant de sensiblerie pour si peu. Il n'acceptait pas qu'elle puisse être si fragile, car son propre désespoir lui paraissait infiniment plus grand en comparaison.

Takako et Tsuneo étaient venus en tramway, et avaient terminé à pied sur le terrain vague, Billy avec sa série 90. Il était prévu que Billy ramène Takako à dos de moto, mais cela semblait désormais impossible. Il retourna donc en furie contre la ville, seul sur sa Bridgestone. Ses deux amis regardèrent mourir le nuage de poussière qui masquait son départ.

— Rentrons, maintenant, proposa Tsuneo.

— Non, je voudrais regarder la mer, suggéra Takako.

Elle prit sa main, tissa ses doigts entre les siens, puis ils traversèrent le terrain vague en piétinant volontiers les mauvaises herbes. Le nuage de poussière les poursuivit en s'estompant ; ils s'amusèrent à courir plus vite que lui avec les mains liées.

La mer intérieure de Seto leur faisait face.

Les événements de la vie arrivent-ils réellement par hasard ? On croit toujours au conditionnel, si ceci avait été comme cela, si cela avait été comme ceci, mais s'agit-il d'un masque ? L'histoire née de la conjonction des hasards avait-elle une chance de tourner autrement. Bien sûr, des milliards de milliards de micro-événements se combinent et ajoutent une part d'incertitude à la probabilité qu'une chose se produise, et ce, à chaque instant de l'évolution du monde ; t+1 est conditionné par t. Il semble impossible de lutter contre cela. Mais si une deuxième chance était offerte à l'histoire humaine, avec des conditions de départ strictement identique, serait-elle semblable ?

La mer intérieure était parsemée d'îles gonflées comme les dos de monstres verts sur la surface limpide. Le décor des vies de Tsuneo et Takako était ainsi fait ; étrange berceau d'une terreur sous-jacente. Ils devaient se résoudre à l'accepter tel qu'« on » leur avait légué, « on » désignant tout excepté eux. Ils n'avaient bien sûr pas le choix, même si Takako, lorsqu'elle embrassa chaudement Tsuneo sur la joue, puis sur les lèvres, pensait détenir le pouvoir de modifier le cours de sa vie.

Le vent soufflait encore, et le nuage de poussière dont les particules coulaient à présent sous la surface de la mer, les avait doublé depuis longtemps. Ils étaient maintenant assis sur le rivage, et Takako attrapa un galet entre ses doigts. Elle le tourna lentement, puis le lança à Tsuneo qui tendit le bras en un éclair pour le rattraper. Il lui rendit un sourire, ainsi que le galet qu'elle glissa dans sa poche.

— Que vois-tu lorsque tu regardes la mer ? lui demanda-t-elle.

La question sembla extrêmement complexe, elle l'était probablement, et il y réfléchit très longtemps, si longtemps qu'elle crut fermer les yeux. Elle ne savait plus, ressentit une légèreté si intense, qu'elle commença à s'envoler doucement. Ses pieds d'abord se levèrent, puis ses jambes, et enfin son corps au complet. Le vent l'emporta, elle virevoltait la tête en bas, criait à l'aide vers Tsuneo qui bondit sur le sable. Il n'était pas assez grand pour la rattraper. Elle tendit ses bras au maximum, lui aussi, mais c'était trop tard. Ils n'avaient pas réagi suffisamment vite.

Un moment d'inattention, et tout s'envole.

Depuis le ciel, Takako apercevait Tsuneo, qui rétrécissait à mesure qu'elle montait, comme le rivage, et la baie dans son ensemble. La ville d'Hiroshima se laissait encercler par les montagnes, ces montagnes dont les flancs avaient fait écho à l'onde de choc du six août 1945, pour maximiser les pertes matérielles et humaines, pour graver la puissance de l'Amérique dans les esprits – un bon début pour la guerre froide.

Takako ne comprit pas la cause de son envol. Était-ce son extrême légèreté, ou la puissance du vent qui soufflait. Encore une fois, elle se demandait si elle était responsable de cet évènement, de la tournure inattendue que sa vie prenait, où si cela était inéluctable. Lors de sa traversée de la couche nuageuse, elle entrait, puis se dégageait des brumes. De là-haut, la mer de nuage était magnifique. Mais au-dessus de la couche de vapeur d'eau, Tsuneo avait disparu de son champ de vision ; seul, abasourdi sur la plage. Elle fit alors des mouvements de brasse pour tenter de perdre de l'altitude, mais cela n'eut aucun effet, elle continua de monter, monter.

Puis, ses yeux s'entrouvrirent. Sa tête était posée sur le torse de Tsuneo, son épaule, calée contre son aisselle. Ils étaient couchés sur le sable froid. Takako tremblait, et vint se blottir contre lui ; elle s'était assoupie. Tsuneo fixait un point dans les nuages, il s'imaginait un oiseau d'argent survoler la baie, plus précisément, un B29 Superfortress piloté par le colonel Paul Tibbets.

— Nous sommes bien ici, même s'il fait un peu froid, dit Takako.

Il repensa à sa question sur la mer, et trouva enfin la réponse :

— C'est la première fois que je trouve cet endroit acceptable, car je suis avec toi.

Cette étrangeté ressentie, à chaque fois qu'elle s'approchait de Tsuneo ou de ses souvenirs, semblait ouvrir des brèches à travers le temps. Elle avait l'impression que la surcharge émotionnelle provoquait ces phénomènes, et déformait sa perception de la réalité. Comment avait-elle pu s'endormir ici, par un si vent froid ? Mais enfin, pensait-elle, le plus important est d'être avec lui. Ils se levèrent et s'épousetèrent mutuellement pour décoller le sable humide. Elle lui demanda :

— Combien de temps me suis-je endormie ?

Il lui répondit :

— Cela n'a aucune importance. Ce qui compte, c'est d'avoir été réchauffée.

Il ne savait plus exactement combien de temps elle était restée contre son épaule, et ne se souvenait pas du moment où ils s'étaient allongés.

Au final, cela importait peu à Takako de comprendre pourquoi ces projections étranges se produisaient, ou encore leur signification, alors elle reposa un nouveau baiser sur la joue de Tsuneo qui semblait planer sur un nuage. Ses lèvres douces laissèrent une trace humide sur sa peau meurtrie, et ils repartirent en direction de la ville, le cœur chaud, les doigts enlacés. Le souffle de la mer, les vagues, persistèrent après leur passage.

Chapitre 13

VAGUE DE VAGUES SOUVENIRS

Tsuneo retourna le lendemain soir après son travail sur le même rivage. À la tombée de la nuit, il voulut vérifier si les traces de leur passage étaient encore visibles. Il n'avait rien à cacher, loin de là, mais ne semblait plus certain d'avoir été présent réellement sur ce rivage. C'était trop idyllique. Le sable ne lui dit rien, son aspect lisse et humide était simplement ponctué de quelques galets érodés par l'action mécanique de l'eau salée. Des traces de mouettes, de petits crustacés, violaient la surface légèrement inclinée de la plage, mais on ne distinguait plus aucune empreinte de pas. Il ramassa un galet et le jeta de toutes ses forces contre la mer, sembla envahi d'une immense colère – illustrée par ce geste matériellement vain – et sentit le trouble de l'angoisse parcourir sa poitrine.

Je ne sais pas dire non, pensa-t-il. Il ne pouvait plus l'oublier, et lorsqu'il fermait les yeux elle apparaissait très vite toute entière et si vraie. La tentation avait été plus forte que la raison, que le principe qu'il s'était donné de tout faire pour éviter un jour de provoquer la souffrance d'une femme, voire de se retrouver dans une situation de géniteur potentiel.

Lors de sa journée de travail, il avait imaginé des dizaines de fois Takako arriver en haut de la mezzanine avec son air fier, exposer toute sa grandeur dans l'imprimerie. Il se projetait encore ce film en boucle dans son esprit, rêvait qu'elle soit venue le chercher. Puis ce fut son appétit qui diminua, annihilé par une culpabilité forte, à moins que ce ne soit l'amour déjà éprouvé pour elle qui provoquât ce dégoût puissant pour la nourriture. En l'embrassant de manière imprévue, elle avait foudroyé son cœur d'une décharge électrique aux conséquences irréversibles. Il ne pouvait plus lui demander de partir, ni de ne l'embrasser sous aucun prétexte. Alors, que faire ? Elle savait tout maintenant, y compris à propos de l'avenir. Était-il en mesure de lui offrir ce qu'elle voudrait, ce que voudrait une femme, n'importe quelle femme ? Avait-il le pouvoir de la rendre heureuse ? Il ne savait plus, il resta assis dans le sable, les genoux pliés.

Il n'avait rien dit encore à Billy. Ce dernier était obsédé par sa moto, ébloui par ses chromes aux mille reflets. Cette acquisition semblait étrangement l'aider à supporter le départ de sa tante Itsuko, même si au plus profond de lui, il savait à quel point ce retranchement était ridicule. Takako avait peut-être parlé avec lui de Tsuneo, mais cela l'aurait étonné puisque généralement elle évitait de se confier, ou de se mêler des affaires des garçons. Tsuneo se releva, marcha vers l'ouest contre les chantiers navals Mitsubishi. Un paysage de grues métalliques s'offrait à lui, de pachydermes créés par l'homme, aux mouvements si sensibles qu'ils paraissaient immobiles. Il longea un immense hangar aux formes rationnelles.

Il revit, ressentit le souffle de sa mère penchée sur lui. Ce souvenir le hanta pendant son avancée lente, c'était probablement un des derniers qui lui restaient d'avant la bombe. Elle lui faisait compter des pièces de bois, des petites toupies. Son visage était sans contour, nimbé par le rêve. Avait-il reconstruit cette image mentale à partir de plusieurs scènes ? L'idéalisait-elle ? Ses cheveux se dessinèrent plus précisément lorsqu'il se concentra pour se remémorer leur douceur, leur toucher. Peut-être inventait-il tout cela, ou se trompait-il, mais peu importait ; il ressentit une très forte ambivalence entre le plaisir de la revoir, et la douleur de sa disparition. Il ne la connaissait finalement que très peu, et surtout, il était trop jeune à l'époque pour imprimer des souvenirs pérennes. Souvent, il pensait que cela n'avait pas d'importance, que ce n'était pas problématique de n'avoir pas connu davantage sa mère. Mais souvent, il trouvait irremplaçable l'amour unique de cette mère, né de la fusion de leurs corps pendant neuf mois, qui pour lui justifiait les comportements incroyables constatés à la surface de la lune Hiroshima, le six août 19XX.

Après tout, pensa-t-il, si la femme qui m'a récupéré dans les ruines n'avait pas perdu son fils, elle ne m'aurait peut-être jamais sauvé. Et d'ailleurs, sans motif de ce genre, personne n'avait recueilli d'enfants abandonnés, Tsuneo n'était pas dupe - l'homme est torturé par la nécessité irrépressible de connaître son créateur. Autour de lui, particulièrement chez ses anciens amis de l'orphelinat, on semblait chercher l'insaisissable avec l'espoir de le trouver. L'existence est suffisamment incroyable pour qu'il soit possible de vivre normalement sans savoir, non pourquoi, mais par qui on y est parvenu. En cela, il voulait spécifiquement sa mère. Mais comment être sûr de ses souvenirs lorsqu'ils sont décousus, et désormais invérifiables ?

L'affection à l'orphelinat était distribuée avec la même délicatesse que les plâtrées dans les gamelles. On y pratiquait un service minimum, mû par l'impossibilité éthique d'abandonner les enfants à la rue. Tsuneo rasait sa tête des souvenirs nés là-bas avec une lame bien affûtée, même si le tranchant pouvait à tout moment le faire saigner. Pouvait-il oublier son passé sur simple volonté d'esprit ? Son caractère aujourd'hui découlait indéniablement de son vécu ; même une perte totale ou partielle de sa mémoire n'aurait pu complètement le changer. Il était trop tard.

Je suis bien venu ici, se dit-il.
Takako m'a embrassé, c'est sûr, pensa-t-il.
Elle n'est pas responsable de mon passé.
Je dois lui faire confiance.
Elle sait ce qu'elle fait.

La nuit tomba franchement, il fallait partir, ou rentrer ; simple question de point de vue. Takako était avec Billy au club. Alors les mains au fond des poches, il bifurqua devant les pachydermes métalliques pour longer d'autres grillages des chantiers navals Mitsubishi, et retourner dans le centre-ville. Le cas Takako tourmentait toujours sa conscience, et il avait beau lutter pour moins y penser : la lutte semblait perdue d'avance.

Au club, Takako était assise avec Billy à la même table que la fois précédente. Ses deux amis l'accueillirent chaleureusement, et il s'assit près de Takako pour lui prendre la main tendrement. Billy fit de grands gestes.

— Qu'est-ce qui se passe ? exulta-t-il. Je m'éclipse un moment, et voilà que dans mon dos, on s'amuse !

Cela l'intrigua de les voir unis avec autant de timidité. Il ressentit une joie sincère pour Tsuneo, qui masquait ses doutes au plus profond de son âme pour afficher un magnifique sourire comme lui seul savait les faire. Il avait affiché ces sourires irrésistibles dans les pires moments de sa vie, et cela lui avait peut-être permis de retarder l'échéance de la mort.

La musique roulait avec langueur, Billy devait jouer en deuxième partie du concert. Il intégra un quintet convaincu par ses soins d'interpréter Charles Mingus : il estimait l'album « Picantropus erectus » comme faisant partie intégrante de son être. Lorsqu'il joua la ligne de contrebasse imprévisible et moderne, il émit à son tour un sourire de satisfaction, épuré. En admirant la joie transmise, Takako repensa au moment où elle l'avait découvert ligoté dans la boutique. Elle n'avait pas d'explication, et n'osait pas le lui en demander. La main chaude de Tsuneo dans la sienne, elle se sentit rassurée comme une enfant, et profita intensément de cette agréable sensation physique – l'amour prend les êtres dans leur globalité ; lorsqu'il éclate furieusement, la manifestation des corps déchaîne celle de l'esprit, et vice versa. Ils ne ressentirent nul besoin de se parler, tant l'échange discret entre leurs mains sous la table était vif.

Tsuneo ne connaissait rien d'elle au final. Il s'était confié via Billy, et n'avait jamais mis le poids de ses mots dans une balance pour mesurer l'équilibre des confessions entre eux. Il avait bien une idée de son caractère, de la chaleur reçue par la paume de sa main, ou encore des formes de son corps, mais rien sur le fond de son âme. Il la regardait intensément pour mieux la connaître : ses cheveux réguliers et foncés, les amandes de ses yeux, son menton, son cou, les parties dévoilées de sa peau. La bonne santé : comme une évidence dont son corps transpirait. Non qu'il fût jaloux de cela, jamais il n'aurait commis cette faute, mais il semblait envieux et heureux de voir en elle la vie et l'espoir.

S'il s'attardait à la regarder, c'était aussi pour ne jamais l'oublier, pour graver de manière précise chaque trait dans sa mémoire, chaque texture, chaque morceau de chair, sa voix, son odeur, et son goût qu'il imaginait délicieux. Ainsi, il serait plus facile de rêver d'elle, de créer sa présence artificielle. Il souffrait trop d'avoir oublié sa mère, de rester esclave d'une esquisse, de ressentir des aiguilles lui percer le cœur quand il s'efforçait en vain de s'en souvenir.

Tsuneo voulait surmonter sa grande tristesse, mais n'avait de talent que pour la masquer.

Le saxophone ténor hurla son désespoir.

Encore une soirée douce, de la musique agréable, et une fille dont la main réchauffait la sienne. Pourquoi ces cadeaux après la surprise du six août ? Si longtemps après. Le bonheur est-il permis aux survivants d'Hiroshima ? Que pensera l'ancien ennemi si ses victimes sont heureuses ?

— Ohé, lui fit-elle. Tu sembles perdu…

Il était foudroyé, et se ressaisit d'un bond.

— Je vais bien, merci. Profites-tu de la soirée ?

— Je connais par cœur Charles Mingus, car Billy fait une fixation sur ce disque en ce moment. Mais je trouve qu'il y a beaucoup de différences entre le disque et l'interprétation de ce soir.

— C'est-à-dire ?

— Eh bien, Billy semble mettre beaucoup de joie dans son jeu. Regarde-le, comme il bouge avec sa contrebasse. La dernière fois que nous sommes venus ici, il jouait avec un air placide, fermé. Il est plus investi, quelque chose en lui est en train de changer.

— C'est vrai, il ne tient pas sa contrebasse comme d'habitude. Il a l'air plus joyeux. J'espère que ce n'est pas à cause de cette moto. J'espère que c'est autre chose.

Ils burent des jus de mangue en continuant leur échange sur Billy, en restant admiratifs devant son jeu. Takako était désormais occupée par son amour naissant ; trop pour avoir la force de s'imaginer descendre le long des cordes de la contrebasse, et traverser le trou en forme de f pour se réfugier à l'intérieur de la caisse de bois. Sans alcool, ils s'enivraient de manière irréversible. Tout cela s'inscrivait progressivement à travers une habitude, presque une tradition. Tout cela devenait de plus en plus fort sans qu'ils soient capables d'expliquer rationnellement pourquoi.

Billy termina son jeu et revint vers eux. Ils partagèrent un dernier moment convivial autour de la petite table, avant de rentrer sous les halos de lumière multicolore. Leurs silhouettes furent éclairées par les scintillements artificiels d'une nuit dans le nouveau monde. Takako insista pour retourner avec Tsuneo dans le parc pour enfants où ils s'étaient découverts. Il accepta.

Ils s'assirent sur les mêmes rondins de bois, la lune diffusait sa lueur derrière une mince couche de nuages, déchirée par endroits. C'était difficile pour eux de distinguer leurs visages, mais cette noirceur dégageait quelque chose de poétique : elle gommait tous les détails, et permettait l'oubli du corps au profit de l'idée que l'on s'en fait. Leurs visages d'ailleurs s'approchèrent, et ils ressentirent mutuellement la chaleur de l'autre avant même tout contact. Takako entreprit un baiser sur les lèvres de Tsuneo avec douceur. Dans la nuit plus fraîche, ils restèrent passionnés l'un pour l'autre, enlacés tendrement, je ne sais plus combien de temps. Au fait, c'est quoi le temps ?

Dans ces moments, Tsuneo oubliait ses craintes, il

se laissait guider par les sensations du présent, il se sentait vivre. Vraiment, et pour la première fois de son existence, il pouvait se projeter dans l'image du bonheur. C'était agréable, mais comme toute nouveauté, cela faisait peur. Ne se perdent que les choses acquises, pensait-il parfois bêtement. Si Takako l'avait entendu prononcer une telle phrase, elle l'aurait probablement disputé très fort. Le défaitisme est un refuge idiot, une façon de croire que l'on évite les illusions, que l'on s'épargne la déception. Mais la réalité est tout autre, car le défaitisme change l'éventualité d'une déception en tristesse chronique.

Ainsi glissa la nuit avant qu'ils ne se séparent dans leurs logements respectifs pour y faire de beaux rêves. La naissance de leur union était douce, ils pourraient s'en remémorer les moindres instants, s'en réjouir, et se glisser sous les draps sans angoisse. À Hiroshima, toutes les victoires contre l'angoisse étaient bonnes a prendre, même les plus minces.

Chapitre 14

L'INSOLENCE DE LA GRUE

La nuit suivante Billy se réveilla glacé dans son lit, il sentit son échine parcourue par un frisson immense qui remonta jusqu'à sa nuque. Ces derniers jours, il manifestait une certaine joie de vivre, mais cette apparence heureuse était une simple résultante de la gesticulation de son corps pantin, manipulé par les ficelles rongées de son âme. Il avait repris une vieille méthode jadis bénéfique pour son cas : l'auto-conviction. Il se répétait chaque matin tous les points positifs, tout ce qui égaierait sa journée future. Il parvenait ainsi à stabiliser son niveau de tristesse dans le domaine de l'acceptable, et pour augmenter ses chances de réussite, il chassait de son esprit chaque pensée pour sa tante Itsuko, chaque évocation de l'année 19XX, chaque évocation des brûlures gravées sur sa peau et sur son cœur. Il forçait en quelque sorte sa mémoire à devenir sélective, et désirait profondément rester maître du fil de ses pensées. N'est-ce pas là un effort admirable, une manifestation flagrante de la dignité humaine propre aux survivants d'Hiroshima, décrite ainsi dans les notes de Kenzaburo Oé : « Il n'y a rien d'étrange à ce que tous ces gens possèdent une indéniable dignité humaine. C'est seulement par leur façon d'être que les gens dignes peuvent advenir en ce monde », par les gens, il voulait dire : les survivants.

Un jour, se disait-il, je me débarrasserai définitivement de ces mauvais souvenirs. Il n'en restera rien et je pourrai vivre. Mais cette nuit-là, il fut surpris par une crise d'angoisse qui lui gela les os et le sang. Allongé dans son lit, il sentit sa poitrine se paralyser, et l'empêcher de respirer convenablement. Billy bleuit davantage chaque minute. Il voulut crier à l'aide, mais rien n'y fit, ses poumons se tétanisèrent. Le jour, il arrivait à contenir son état, mais lorsque la nuit tombait, c'était une autre histoire. De panique, il battit des mains et renversa son réveil mécanique. Alors qu'il faisait très sombre dans sa chambre, des points blancs apparurent dans son champ de vison. Faire le vide, faire le vide, répéta-t-il en boucle dans son esprit. Il était gelé, aphasique, mais des perles d'eau salée se formèrent partout sur son front. Il haletait comme un chiot en panique pour tenter d'inhaler un peu d'air.

Pendant que Billy luttait contre son corps, d'autres âmes dans la ville hurlaient encore de la bombe. Depuis le six août 19XX, rien n'avait changé, et toutes les nuits attisaient vivement le brasier du souvenir à Hiroshima. Si l'on pouvait planer au-dessus de la baie endormie tel un oiseau dans le vent, on trouverait toujours des personnes accoudées aux fenêtres pour confier leur peine à la lune. Billy arriva à se concentrer, à reprendre progressivement le dessus sur l'emprise de l'inconscient provoquée par le sommeil. C'est pour cette raison qu'il se couchait tard, se levait tôt. Il était hanté par la possibilité de perdre le contrôle de son âme pendant les heures de la nuit, victime de phobie de l'endormissement, comme autant de petites morts, ou pour limiter l'éventualité et la peur de se réveiller comme cette nuit, en sueur dans son lit. Mais il est impossible de vivre sans sommeil, et il n'avait pas d'autre choix que de céder parfois, épuisé dans son lit, vers une perte de contrôle de son esprit roi.

Une fois déparalysé complètement, il fit comme les autres personnes vues du ciel par l'oiseau : il s'approcha en chancelant vers sa fenêtre. Au-dessus de la boutique, sa tête dépassa pour chercher le satellite. Il aperçut le croissant gris percer les ténèbres. Dans les cendres étincelantes, il trouva un certain réconfort, une présence mécanique fidèle et fiable. Chaque irrégularité, chaque cratère de la surface de la lune était une preuve de ténacité, une preuve qu'il est possible de continuer de briller après d'incessantes attaques, une preuve qu'il est possible d'étinceler avec un corps couvert de cicatrices. Les taches d'étoiles, les constellations, flamboyaient d'une lumière sans âge, et donnaient au ciel un caractère immuable, quelque chose d'infiniment plus stable que n'importe quoi sur terre. Billy ne soupçonnait pas qu'en réalité, il s'agît d'une vaste illusion d'optique. Parmi les corps célestes, beaucoup était déjà morts avant que leur lumière n'atteigne sa rétine, mais il pouvait croire à leur stabilité sans être outrancier, tellement les échelles de temps de vie et de mort des étoiles n'ont rien de comparable à celles des hommes.

Billy apprivoisait son âme. Comme un dompteur, il s'efforçait de travailler son mental avec autant de rigueur qu'un dresseur d'ours. À tout moment, une patte de l'animal et ses longues griffes pouvaient être mortelles. Pour y parvenir, il devait connaître parfaitement ses réactions. Une simple inattention, une estimation faible des capacités meurtrières, pouvaient mener à des conséquences dramatiques. Il déployait une énergie impressionnante pour comprendre son propre fonctionnement, et pis, anticiper les réactions venues des ténèbres de son âme.

Cette nuit-là, ils étaient peut-être dix, cent à regarder la lune. L'oiseau n'arrivait pas à les compter, et s'en fichait de le faire. Il continuait de voler gracieusement au-dessus de la ville, se moquait de leur peine. Seul le rayonnement de la chaleur accumulée pendant la journée, ou encore le plaisir de gober quelques poissons dans une des branches de l'Otha pouvait l'attirer ici. Puis, lassé par la détresse des hommes, il fila vers la plage, se posa sur le sable, et ajouta un « krooh » nasillard et vif par-dessus le raffut des vagues. Il avait faim, voilà ce qui comptait. En somme, cette grue se comportait comme le reste du monde avec Hiroshima : elle contemplait l'étendue du désastre avec l'intelligence qui lui est propre, mais ne projetait pas ce malheur sur sa propre personne, trop préoccupée par des questions matérielles de court terme.

Après une demi-heure à regarder la lune, Billy retourna se coucher avec la peur au ventre de sentir persister l'état précaire de son âme. Au passage, il balaya du regard le salon de son appartement. Il y vit la télévision flambant neuve, le canapé de cuir, l'immense contrebasse, et repensa à sa Bridgestone série 90. Matériellement, il n'y avait pas grand chose à améliorer : il était comblé. Depuis longtemps il mangeait à sa faim, et pouvait s'offrir les luxes énumérés avec certitude. Mais en réalité, il ressentait la douloureuse sensation de vivre au fond d'un abysse. Son pays aurait pu sombrer dans le communisme après la guerre, mais le nouveau système était-il plus humain ? Était-ce une victoire ? La bombe avait tout conditionné. Elle n'avait aucun intérêt militaire, loin de là car la victoire était acquise. Son rôle était plus perfide : frapper les esprits, surtout les esprits russes de ceux qui devaient partager la victoire sur l'Empereur en arrivant par le nord, ceux à qui on ne laissa même pas les miettes. Décomplexée, l'Amérique gobait le flanc japonais et s'assurait un règne futur. Elle réussissait mieux qu'à Berlin, et pouvait assouvir son désir d'hégémonie. Restait le problème du peuple à endormir, et pour cela : rien ne vaut une comptine. L'histoire que l'on connaît, l'« histoire » au sens propre, les arguments servis dans un écrin d'argent ne sont-ils pas trop simples pour être vrais ?

Debout dans son salon, Billy recouvrait l'acuité de ses sens. Il aurait aimé que sa tante Itsuko puisse admirer la télévision, assister à la magie du petit écran. Il aurait voulu admirer le reflet de l'image dans ses pupilles, qu'elle accepte de chevaucher sa moto sur laquelle il l'aurait promenée. Il aurait pu lui faire plaisir en achetant de bons ingrédients pour réussir son dashi, du kombu, de la bonite séchée, et aussi de bons poissons frais, des légumes brillants. Il l'imagina d'ailleurs en train d'arriver dans l'appartement nouvellement agencé. Elle ouvrit la porte lentement, pencha la tête et s'émerveilla devant les belles choses. Il la serra dans ses bras, puis l'emmena dans la cuisine pour lui montrer tous les bons ingrédients qu'il avait achetés pour elle. Après un baiser tendre posé sur sa joue, elle commença à cuisiner sans attendre.

— Tu as de nouvelles casseroles, constata-t-elle.

Billy s'assit à la petite table poussée contre le mur, et la regarda manier les casseroles neuves. Elle alluma deux feux, commença à chauffer de l'eau, griller quelques légumes dans une poêle. Son assurance le fascinait, sa maîtrise du temps aussi, lui qui était incapable de développer la moindre ardeur pour préparer un plat dans sa cuisine pourtant bien équipée. C'était un moment de quotidien agréable, un moment simple qui vous rend heureux parce qu'il est authentique. Billy ne fit rien d'autre à part profiter.

Puis, il se rappela au besoin de stopper ces pensées douloureuses, la résolution prise de l'oublier :

— Chasser Itsuko… dit-il, seul.

Au prix d'un effort difficile, elle s'évapora de la cuisine redevenue morne, lavée de ses couleurs. Billy se sentait à nouveau abandonné, il voulait que Tsuneo revienne vivre avec lui ; ce n'était plus possible de subir cette solitude. Il retourna près de la fenêtre pour se noyer une dernière fois dans les cratères de la lune.

Tsuneo n'arrivait pas à dormir, lui non plus. Il décrivait cette nuit sur son manuscrit, confiait sa peine à la lune, lui aussi. Personne n'avait encore lu les mots qu'il cachait brillamment.

Les éléments de la situation avaient changé, Billy s'y résolvait difficilement. Il savait pour Tsuneo et Takako, ne leur en voulait pas, mais sentait progressivement sa solitude alourdie. Son ami passerait beaucoup de temps avec Takako, c'était normal. Il s'anima d'une sorte de nostalgie, alors que paradoxalement le passé était pour lui synonyme de souffrance. Sans cesse il retournait la situation, voulait aussi connaître l'expérience de l'amour, même s'il savait les complications d'une relation avec un homme. Il voulut interroger la lune, même s'il savait que les réponses à ses questions se cachaient au fond de lui-même ; finalement, on désire toujours chercher loin ce qui se trouve en nous.

Cette nuit-là ressemblait à toutes les autres à Hiroshima. La fallacieuse joie des victimes s'était couchée avec le soleil. Lorsque l'astre avait basculé derrière l'horizon, les cœurs et les gorges s'étaient resserrés, la grue et la lune déployaient leurs véritables dimensions. Billy descendit dans la nuit l'escalier qui menait à la boutique, et posa un disque de Stan Getz sur la platine. La rotation s'enclencha progressivement, il abaissa l'aiguille sur le sillon, et le saxophone ténor s'anima d'un souffle rauque. Ensuite, il régla le volume de l'amplificateur à transistors pour ne pas déranger les voisins, et resta assis sur le siège posté derrière le comptoir.

À travers la vitre, il regarda la rue maussade avec indifférence. Personne ne rôdait sur les trottoirs à cette heure, et Billy en vint à imaginer la ville comme étant le reflet de sa solitude. Le souffle de Stan Getz était précis, onctueux comme une crème, et les vibrations émanées de son saxophone furent peut-être les seules choses qui apaisèrent Billy. Que va-t-il rester de mon existence ? pensait-il. La vie s'envole puis s'effondre à la vitesse d'une respiration. Seuls quelques objets subsistent par leur attrait potentiel, le reste, c'est du vent, de l'air, rien que de l'air. Les fragments de vie se transmettent par les bols, les casseroles, les tourne-disques, et justement, Billy se demandait s'il n'amassait pas ces biens matériels uniquement dans l'optique d'avoir quelque chose à transmettre. Sans héritier, cela lui permettrait de laisser une trace dans la vie des autres, même si le temps aurait raison de lui, car un jour ses traces dérisoires seraient définitivement perdues. Mais pourquoi faudrait-il se souvenir de lui, après tout ? Il aurait pu, préféré mourir le six août 19XX. De son corps, seul un charbon noir dilué à l'eau de pluie et la poussière serait resté. Il faut dormir, c'est essentiel, se dit-il, car sinon on pense avec sa conscience. Heureusement que la lune sera toujours là pour me consoler.

Chapitre 15

BEL ARTICLE

Il y a le monde, et ce qu'on en dit. La presse voulait relater la vérité, quoi que... Ses rédacteurs étaient humains. Elle manifestait un engagement, affichait comme vrais des points de vue personnels courageusement paraphés. Qui peut prétendre penser le bien commun ? Du point de vue de Billy, Tsuneo, du docteur Shigetô, et bientôt Takako, la bombe nucléaire est une abomination. Pour Harry S. Truman, c'était une solution à un problème donné, à un moment donné : la clef d'une stabilité bénéfique à toute la planète. Tant pis pour les dégâts. « C'est le plus grand jour de l'histoire » avait-il dit en apprenant que le bombardement était un succès. Le journaliste semble perdu au milieu de ces contradictions. Trop de facteurs sont à mettre en équation pour obtenir un soupçon d'objectivité. Il ne peut fonctionner qu'à son échelle – comme moi, et j'en suis conscient. Ne fais à personne ce que tu n'aimerais pas subir, disait-on sur une colline trois millénaires avant Hiroshima. N'est-ce pas un point de vue plus humaniste, préférable à : écrase ton ennemi avant qu'il ne t'écrase ? Et si l'ennemi en question cache merveilleusement une arme plus puissante, insoupçonnée, non plus un marteau, mais une masse. Que doit-il faire ?

Naoki avait patienté une semaine avant de retourner dans la boutique. Il respectait ainsi le délai de réflexion convenu avec Billy, qui avait difficilement réussi à convaincre Tsuneo de se laisser interroger par le journaliste. Mais lors de son retour, Tsuneo n'était pas dans la boutique, et Billy lui demanda avec un air sérieux :

— Pourquoi ne m'interrogez-vous pas, moi ? Je suis moi-même une victime de la bombe…

Naoki noya habilement le poisson pour éviter de se justifier : il tenait sa ligne et avait ses raisons. Pourquoi en discuter ? Billy trouva judicieux de l'envoyer à l'imprimerie, où Naoki pourrait se rendre compte objectivement de l'intégration du jeune homme irradié dans la société actuelle. Il lui vendit au passage un disque de Mozart perdu dans l'arrière-boutique, un disque qui ne trouvait pas preneur en temps normal.

— Vous le reconnaîtrez facilement, Tsuneo est une personne humble, lui dit Billy avant de le laisser partir.

Naoki se rendit en tramway à l'imprimerie M. Hajime lui demanda de revenir demain par simple principe : aucun rendez-vous n'avait été prévu. Le lendemain, Naoki revint, et fut accueilli sans manières en haut de la mezzanine, dans le bureau vitré de Hajime M, qui sembla surpris de voir l'attention réservée à ce salarié insignifiant. Comme un journaliste pourrait éventuellement lui apporter bonne presse, il coopéra, et accepta de répondre à ses questions. Hajime s'assit le premier, derrière son bureau, puis invita Naoki à prendre place sur l'unique chaise qui lui faisait face. Naoki savait qu'un responsable d'entreprise n'aurait pas beaucoup de temps à lui accorder, alors il entra directement en matière :

— Je souhaite vous poser quelques questions sur votre entreprise. Accepteriez-vous d'y répondre ?

— Si vous êtes élogieux à son égard, j'accepte votre proposition sur-le-champ.

— Je vais tenter de l'être.

— Vous le serez, ou vous ne publierez rien à propos de mon imprimerie…

— D'accord, mais permettez-moi de vous interroger sur une chose qui m'interpelle.

— Laquelle ?

— Embauchez-vous des victimes de la bombe, des Hibakushas ?

— J'ai trois employés dans ce cas.

— N'est-ce pas risqué pour vous d'employer des personnes qui ont été malades, ou qui peuvent le devenir à tout moment ?

— Eh bien, peut-être voulez-vous entendre : j'aime le risque alors j'embauche des personnes peu fiables ? Ou bien : je n'ai trouvé personne d'autre, alors j'ai embauché le premier venu, et qui semblait à peu près valide. Je ne peux pas répondre à cette question, mais je vous assure d'une chose : je n'ai eu aucun problème avec ces personnes. On me trouve parfois dur, Hibakusha ou pas, mais peut-on diriger une entreprise différemment ? Pourquoi ces gens auraient-ils un traitement de faveur alors qu'ils se portent bien ?

Hajime parlait d'un ton strict, et semblait pressé. Naoki inscrivait toutes les réponses à ses questions sur son carnet, le même qu'il avait utilisé pour interroger le docteur Shigetô. Les feuillets se remplissaient peu à peu, et son article se construisait. C'était assurément l'objet auquel il tenait le plus, même s'il était capable d'en reconstituer facilement le contenu avec sa mémoire. Naoki pressait son auditeur avec des questions gênantes, il voulait montrer à Hajime qu'il ne venait pas les mains vides : il connaissait le nom d'un employé, et pouvait ainsi vérifier si Hajime lui disait la vérité :

— Depuis combien de temps monsieur Harada travaille-t-il dans votre imprimerie ?

— Il travaille ici depuis un an environ.

— Je suis venu le rencontrer pour lui poser quelques questions. Pouvez-vous m'expliquer en quoi consiste son travail ?

— Il a en charge d'alimenter en papier une presse. Il doit aussi transmettre les feuillets imprimés aux employés qui les découpent et les plient pour les étapes suivantes de la fabrication. Lorsque la presse ne fonctionne plus, il doit trouver le problème et faire le nécessaire pour le résoudre.

— Ce travail est-il physique ?

— Nos compatriotes aiment beaucoup lire. Nos efforts pour fabriquer tous les livres qu'ils dévorent sont importants. Alors, il faut être rapide et agile, car les cadences sont relativement élevées.

Hajime commençait à s'agacer de ce journaliste qui cherchait à lui faire dire ce qu'il ne voulait pas dire, qui dissimulait probablement des informations pour le manipuler. Il ressentit un léger soulagement lorsqu'il aperçut une silhouette à travers les rideaux lisses qui recouvraient les vitres de son bureau. Une femme arrivait, ni triste, ni joyeuse. Elle pencha la tête dans le cadre de la porte pour informer Hajime de sa présence. C'était la femme que Tsuneo avait vu sous la forme d'une ombre chinoise. Naoki la vit, et se leva pour la saluer, alors que la fouine restait recroquevillée comme un feuille morte dans son fauteuil. Naoki voulut poursuivre son questionnement, mais l'expression de la femme semblait changer pour devenir de plus en plus sévère comme un ciel qui se charge et s'assombrit avant d'éclater…

— Je vous laisse, monsieur M, dit Naoki avec un air désolé. Puis-je parler à monsieur Harada ? demanda-t-il à Hajime qui se leva enfin pour lui répondre.

— Oui, allez-y, vous pouvez lui parler, mais soyez bref, nous avons du travail.

— Où puis-je le trouver ?

— Il est en bas, vers les presses. Descendez l'escalier de fer.

Naoki fila, il se sentait de trop dans le bureau. Cette femme dégageait une autorité forte, il s'étonna du changement brutal de comportement d'Hajime lorsqu'elle était arrivée. Il la connaissait depuis quelques minutes seulement, mais constatait l'emprise qu'elle avait sur Hajime. La femme entra franchement dans le bureau, et Hajime ferma la porte. Sans introduction, aucune, elle lui demanda :

— Y es-tu allé ?

Il baissa les yeux avant de lui répondre par un « Oui » inaudible.

— C'est vrai, ou c'est encore un de tes mensonges ? renchérit la femme qui ne semblait pas le croire.

— Non, c'est vrai. Je te le jure, répéta Hajime en se rasseyant lourdement derrière son bureau.

Le pauvre sembla dépité. La femme continua de le sermonner :

— C'est tout de même incroyable que je sois obligée de venir te voir, de te menacer pour que tu penses à eux, rajouta la femme avant de s'asseoir à son tour sur la chaise fraîchement libérée.

Hajime avait honte, il s'était effectivement recueilli près du cénotaphe, dans le Parc de la Paix, mais comme à chaque fois qu'il s'y était rendu, avait eu des visions étranges et effrayantes. Cette culpabilité l'exaspérait, il n'y était pour rien dans la mort de son père, ni dans celle de sa sœur ou de son grand-oncle. Il en avait assez de se faire sermonner à chaque fois qu'il pensait à eux, assez d'imaginer le déchaînement de leur morale sur son échine. Mais pour cette femme, il faisait l'effort. Elle le grondait comme un enfant, car elle refusait l'oubli des membres disparus de sa famille, et ne pouvait concevoir son ami Hajime négliger ces préceptes. Cette femme était d'une grande distinction, et savait en jouer. La corde sensible de Hajime vibrait à sa présence, il redevenait maladroit, adolescent, à chaque débarquement dans son bureau. À son avis, il fournissait des efforts incroyables ; elle ne s'en privait pas.

Il lui avait conté un jour l'histoire de sa famille, une histoire banalement effroyable à Hiroshima. Depuis, elle s'entêtait à vouloir le changer : condition sine qua non en cas d'union. Hajime n'avait pas le choix, il devait se résoudre à rendre hommage à sa sœur, son père et son grand-oncle qu'il essayait pourtant d'oublier depuis deux décennies. Mais dans son récit, il avait omis de parler des visions, des nuages étranges aperçus dans le ciel du Parc de la Paix. C'était peut-être la frousse de figurer pour quelqu'un de névrosé, faible. Il lui avait juste indiqué qu'il détestait se rendre dans ce lieu ; que cela ne ferait pas revenir les êtres chers. Elle fut scandalisée.

Il fallait que ça change.

La femme sembla tout de même ravie de l'effort fourni par Hajime. C'était pour elle une victoire. Elle se disait que si elle pouvait le faire changer sur ce point, elle pourrait faire de lui ce qu'elle voudrait. Ce retour sur expérience l'intéressait donc, elle voulait s'informer davantage, lui demanda :

— Et comment te sens-tu maintenant que tu y es allé ?

— Mieux, beaucoup mieux, mentit-il en affichant une mine sincère.

— Tu vois, il y a des gens qui oublient leurs défunts, il y a des gens qui sont capables de tourner la page et de vivre sans se poser de questions ; ce sont des monstres. Je savais que tu ne faisais pas partie de ces monstres. J'avais au fond de moi la certitude que tu irais accomplir ton devoir de mémoire, et je te crois, je te fais confiance, je ne doute pas de ta sincérité. Maintenant que tu as accompli ce devoir, tu me dis que tu te sens beaucoup mieux, j'en suis heureuse et cela vient conforter ma conviction. De toute façon, il est impossible d'effacer complètement le souvenir des gens que l'on a aimé, il est impossible de lutter contre cela, et je veux croire que tu pensais à eux souvent, même si le recueillement est plus fort ; tu as dû t'en rendre compte lorsque tu étais devant le monument.

— Oui, je m'en suis rendu compte, dit Hajime en baissant les yeux.

Pendant qu'ils discutaient, Naoki descendit l'escalier métallique qui menait dans la fosse aux presses, là où probablement étaient nés certains livres dévorés par ses yeux. Il scrutait l'atelier, s'étonnait de la modernité de l'endroit, de son incroyable musique. Les presses frappaient comme des batteries, on entendait le ronronnement des moteurs électriques, et à mesure qu'il descendait les marches, le bruit s'amplifiait. Naoki était bon dessinateur, il était tenté de sortir son carnet pour dresser un croquis de l'endroit. Mais il ne voulait pas abuser du temps offert dans l'imprimerie M, alors il se résigna à laisser le carnet au fond de sa poche.

Tsuneo poussait un chariot lourdement chargé. Sur ce chariot, il y avait de grandes feuilles blanches.

Naoki ne s'adressa pas immédiatement au garçon, il voulait, un peu à la manière d'un anthropologue, observer son comportement pour le décrire, et surtout, s'assurer de sa normalité. Tsuneo déchargea le chariot pour alimenter la presse. Il empoigna les feuilles par paquets, en prenant soin de ne former aucun pli. Une fois le chariot vidé, il le roula jusqu'à l'autre extrémité de la presse, puis commença à empiler les planches imprimées. Sa concentration semblait bonne, à moins que le regard de Naoki ait développé son zèle, mais il ne semblait pas être de ce genre. Non, ce qui rassurait Naoki, était la banalité de ce garçon : c'était bon pour son article.

Tsuneo proposa d'aller dans les vestiaires pour être plus tranquille. Il conduisit Naoki dans un couloir sinueux. Arrivé au vestiaire, il invita Naoki à s'asseoir sur un banc. Naoki sembla étonné par le lieu, mais Tsuneo ne l'emmènerait pas dans un bureau en haut de la mezzanine. Signe de modestie, ou de soumission ? Il ne savait plus. Tsuneo savait pourquoi Naoki venait, et qui l'avait envoyé. Il s'étonnait que le docteur Shigetô le choisisse comme témoin, mais acceptait de jouer le jeu. Naoki déplia son carnet, et relut ses questions préparées à l'avance. Il avait prévu trois questionnaires, à utiliser en fonction de la nature du garçon. Comme le garçon semblait solide, il choisit le plus direct pour commencer :

— Vous avez perdu vos parents lors de l'explosion atomique. Comment avez-vous survécu ensuite ?

Billy lui avait fait une longue description de Naoki,

agrémentée de mimes ridicules, et Takako avait ri. Il n'était pas contre l'idée d'un témoignage. Lui vivant, pouvait peut-être avoir un rôle non négligeable dans la société en racontant son histoire. Il décida d'énoncer les faits, au moins ceux dont il se souvenait, et souhaita autant que possible rester proche de son histoire réelle. Il lui expliqua donc avec un ton sincère :

— Lors de la catastrophe, comme j'étais tout petit, ma mémoire était faible, enfin, ni plus ni moins qu'un enfant de quatre ans. Je n'arrive pas à reconstituer tous les détails, ni à revoir les ruines avec précision, mais une couleur revient clairement : c'est le gris. Tout était gris, terne, cendré. J'étais quelque part, ou nulle part, complètement dénudé, désorienté et enveloppé de gris. Cela vous paraîtra étrange, mais je ne savais pas si c'était normal, alors que des douleurs remontaient à la surface de ma peau. Puis les visages m'ont permis de comprendre, plus précisément, les regards. On peut lire beaucoup de choses dans un regard, même à quatre ans, c'est facile. Je regardais devant moi sans tourner la tête, abasourdi. Je regardais ces visages ahuris, paniqués, ces visages tous prêts à hurler un même message : « Qu'est-ce qui se passe ? » Beaucoup de personnes ressemblaient à des statues de pierre, figées dans un état d'horreur. Ce drame semblait plus grave encore que tout ce que l'imagination peut produire, il était inexprimable avec des mots. Puis dans cette cohue de personnes boursouflées, une femme est venue m'aider. Je ne la connaissais pas, elle a surgi de nulle part dans mon champ de vision ; elle m'a tiré par le bras des décombres. Elle m'a sauvé la vie.

— Pouvez-vous me décrire cette femme ?

— Non, c'est impossible.

— Pourquoi ?

— J'ai tout oublié. Même son nom m'a été donné plus tard. Je serais incapable de dessiner son visage, mais j'arrive à me représenter sa grandeur. Elle était très grande, très maigre, cela m'impressionnait. C'est le seul souvenir qui me reste d'elle : une silhouette, une ombre.

— Et vous ne l'avez jamais revue ?

— Non, malheureusement. Elle avait les mains bandées, le docteur m'en a parlé. C'est difficile de faire la part des souvenirs réels.

— Que vous a-t-il dit à ce propos ?

— Que la femme était venue avec moi à l'hôpital, elle perdait ses cheveux par poignées, et elle était morte peu de temps après.

— C'était le mal mystérieux ?

— Oui, le mal mystérieux. La radioactivité l'avait affaiblie, jusqu'à épuisement total. Bizarrement, je n'ai pas souffert de cela, du moins, pas les premières années.

— Et après la mort de cette femme, qu'avez-vous fait ?

— Moi rien, j'étais trop petit. Mais on m'a placé dans un orphelinat, et plus tard, dans une famille d'accueil. Tout le monde s'est bien occupé de moi, je n'ai pas à me plaindre. Je refuse de me plaindre, et je n'en veux pas à ceux qui ont lancé cette bombe.

C'était la guerre, le monde évoluait n'importe comment, dans la folie, alors je n'ai pas eu de chance, c'est tout. Il faut vivre, et accepter cela.

— Vous semblez courageux, c'est admirable.

— Il n'y a rien d'héroïque dans mes actes. Je n'ai rien accompli de remarquable. Et d'ailleurs, je ne comprends pas pourquoi vous avez choisi de m'interroger moi particulièrement.

— C'est le hasard, bien que je ne pense pas que le docteur Shigetô ait choisi de m'envoyer vers vous sans avoir ses raisons.

— C'est lui qu'il faut admirer. Faites un article sur lui, sur son travail et son courage : il soigne, guérit, mon histoire ne mérite pas d'être mentionnée dans un journal.

— Eh bien si, justement… Vous semblez bien connaître le docteur Shigetô.

— Je l'ai vu pour la première fois avec la femme qui m'a sauvé, mais comme je vous le disais, je n'ai presque pas de souvenirs de cette période. Je l'ai revu quinze ans plus tard, en le prenant pour une personne nouvelle, mais lui se souvenait de moi grâce à mon nom. Il devait pourtant voir les patients par centaines juste après l'explosion, c'était surprenant. Alors je lui ai demandé pourquoi ?

— Et qu'a-t-il répondu ?

— Il m'a parlé de la femme. Il lui avait demandé si j'étais son fils. Elle avait répondu que non. Ce n'était pas ma mère, et pourquoi m'avait-elle sauvé ? Parce que son fils, le vrai, n'avait pas survécu au souffle atomique. Sa peine était trop vive, et elle avait ramassé le premier enfant en bonne santé qu'elle avait trouvé : c'était moi.

— Vous avez eu de la chance de tomber sur cette femme.

— Non, je refuse de penser ainsi. Son fils est mort pour que je survive. Sans lui, je ne serais pas devant vous aujourd'hui. Le docteur m'a confié son nom pour me consoler en partie, j'étais soulagé d'avoir cette information. C'est une blessure que je porte au fond de mon cœur. Tous les jours, je m'excuse en pensant à lui, et j'évite de me plaindre.

— Le docteur m'a dit que vous aviez été gravement malade à quinze ans.

— Oui, j'ai été atteint d'une leucémie. Je me suis battu contre cette maladie pendant plusieurs années. C'était très dur, et j'ai même fêté mes dix-huit ans dans mon lit d'hôpital. De cette fête, je n'ai presque aucun souvenir, j'étais trop malade.

— Et maintenant, comment se porte votre santé ?

— Je vais mieux, ma vie n'a plus rien à voir. Je peux enfin travailler, subvenir dignement à mes besoins grâce à l'imprimerie M. Je loue un appartement avec l'argent de mon travail. Ce genre de victoire permet de se reconstruire.

— Vous pensez donc qu'il est possible de survivre à la bombe atomique, puis de vivre normalement.

— Il y a trop d'expériences différentes, de facteurs à prendre en compte pour qu'il soit possible de parler de la bombe atomique comme d'une généralité. Pour ma part, j'ai vécu une période difficile. J'espère que cette période est derrière moi, définitivement, et que je vais pouvoir continuer de travailler pour gagner ma vie.

— Comment imaginez-vous votre avenir ?

— Je suis encore jeune. C'est difficile de vous répondre. Je souhaite seulement avoir une vie normale.

— Vous souhaitez fonder une famille ?

— Oh, c'est difficile de vous répondre, c'est assez personnel. Mais si je veux une vie normale, alors je dois avouer que je souhaite fonder une famille.

— Mr Harada, j'espère que vous parviendrez à ce but. Votre vision me semble noble et claire. Je vais pouvoir rédiger un bel article grâce à vos réponses.

— Tant mieux.

— Je vais vous laisser travailler à présent, car je pense que votre patron ne voudrait pas nous voir bavarder trop longtemps. Je ne préfère pas le vexer : il a contribué à sa manière à l'écriture de mon article. Alors, permettez-moi de vous remercier, au nom du H shinbun, et en mon nom : merci beaucoup Mr Harada.

— C'est moi qui vous remercie, répondit Tsuneo avec simplicité.

Naoki quitta l'imprimerie M, son carnet bien rempli. Il était rassuré, et pourrait tirer de ses entretiens l'essence de son article. Au passage devant le bureau de Hajime M, il le salua. L'ombre de la femme avait disparu des rideaux. Il était seul à présent.

TROISIEME PARTIE
1965

Chapitre 1

LE CADEAU

L'histoire de l'homme ressemble à un rocher : de loin, elle dessine une courbe lisse, de près on y remarque d'innombrables irrégularités. De l'autre côté du Pacifique, on s'effrayait de sentir le roulement du rocher japonais, menaçant. On pensait qu'une annihilation sans mesure serait bénéfique pour les millions de citoyens américains. Mais comment, en tant qu'être humain, Harry S. Truman pouvait négliger les brins d'herbe accrochés au rocher ? Un citoyen lambda japonais valait-il moins qu'un citoyen lambda américain ? Bien sûr il y avait des moisissures sur la pierre, mais on savait les traiter sélectivement. Alors pourquoi lancer une bombe atomique ? Pourquoi Harry S. Truman avait-il perdu son cœur d'homme ? Et puis, les deux milliards de dollars engagés dans le projet Manhattan, la réussite de l'essai Trinity dans le Nouveau-Mexique, une détermination ferme à botter les fesses des Japonais, avaient eu raison de sa conscience. Le contexte guerrier ne sera jamais une excuse, Harry S. Truman ne sera jamais excusable, car il était le seul maillon de la chaîne pouvant réellement décider de la rompre. Cet affranchissement aurait été bien plus courageux que l'ignoble solution choisie.

Lorsqu'il entra dans la boutique, Takako sauta au coup de Tsuneo. Au fond, Billy ne releva même pas le nez de ses disques. Il s'exaspéra en regardant les tourtereaux s'enlacer ostensiblement, fit de gros efforts pour ne pas laisser entrevoir à Takako qu'elle lui volait son meilleur ami. Les deux garçons ne partageaient plus grand-chose à part quelques moments de télévision, ou occasionnellement une ballade de Bridegestone série 90, pas plus. Cette ferveur, presque contractuelle, cette empathie mutuelle qui les avait renforcés dans les pires moments, s'estompait de jour en jour. Maintenant qu'il va mieux, il me lâche, pensait Billy en tapant inutilement un disque au fond du bac.

Takako manifestait naïvement sa joie de retrouver Tsuneo, sans penser à la blessure qu'elle infligeait à Billy. C'était pour elle une chose immesurable, l'amitié entre ces deux garçons. Elle ne pensait qu'à vivre avec Tsuneo, à l'éblouir, à faire des projets avec lui, mais semblait se moquer des angoisses de Billy. Cet aveuglement n'avait pas arrangé son oppression mentale, toujours plus lourde, peut-être chronique. Tout en s'agrippant à Tsuneo comme une enfant, elle lui demanda :

— Je voudrais un cadeau de toi.

Tsuneo sembla surpris. Cette question ressemblait à un piège. Il répéta :

— Un cadeau ?

— Oui, j'ai besoin de me rapprocher de toi. Je ne te vois pas assez, tu me manques. Même lorsque tu es près de moi, je pense déjà à ton départ. C'est trop dur, offre moi un cadeau.

— Je comprends, répondit-il avec gravité.

En réalité, il ne comprenait pas. Il ne comprenait pas en quoi un cadeau pourrait lui permettre de pallier son absence. Peut-être voulait-elle simplement un objet pour penser à lui pendant ses absences, auquel cas, il serait facile de la satisfaire.

Il lui demanda :

— Quel genre de cadeau souhaites-tu que je t'offre ?

— Un cadeau unique.

— Sois plus précise.

— Cela doit venir de toi.

— Mais enfin, je ne peux pas aller dans un magasin, et demander un « cadeau unique » au marchand.

— Peut-être que le cadeau que je souhaite ne se trouve pas dans les magasins.

Ils s'embrassèrent.

— Des clients pourraient vous surprendre, lança Billy du fond de la boutique.

Ils cessèrent, et Tsuneo fit glisser tendrement sa main dans le cou de sa dulcinée, avant de repartir.

Le soir même, ils se retrouvèrent chez Tsuneo. C'était un moment de délectation, un moment rare de leur union. De baiser en baiser, ils se retrouvèrent allongés sur le lit sans prononcer un mot. Takako enfonçait sa langue dans la bouche de Tsuneo, et l'émulsion des substances de leur salive les rendait fous de désir. Takako n'avait pas honte de son corps, sa grandeur et sa minceur ne lui posait aucun problème. Tsuneo se sentait plus vulnérable dans sa nudité, c'était pour lui une affaire compliquée de se déshabiller entièrement. Jamais il ne s'était montré nu devant une femme, un corps meurtri, alors elle le réconfortait, lui embrassait délicatement le torse. Je ne la mérite pas, pensait-il en bouillant de désir.

La nuit était tombée, et leurs peaux luisaient à la lueur de la lune. Le bon moment était venu, elle ne pourrait pas être enceinte. Le rayonnement lunaire, réfléchi à la surface de ses seins, provoqua une érection violente chez Tsuneo. Ce corps nu devant lui n'était pas celui d'une jeune fille, il avait passé plusieurs paliers de croissance vers l'âge adulte. Jamais il n'avait vu d'aussi près les seins gonflés d'une femme, d'une beauté si parfaite, sans le moindre stigmate, sans la moindre trace de brûlure. Elle était pure, et cette pureté le rendait fou au clair de lune. Elle se cambra, enfin prête, mais lorsqu'il entra en elle une décharge violente lui secoua le bas-ventre, puis un spasme brusque fit onduler son corps entier. Pourtant, il n'éjaculait pas, ne pouvait pas.

Il n'avait jamais pu.

Était-ce le cadeau dont elle lui parlait ? Voulait-elle un enfant ? Il s'effraya de ne jamais pouvoir lui offrir, et repensa à ce qu'elle avait dit : « Peut-être que le cadeau que je souhaite ne se trouve pas dans les magasins. » Il se torturait l'esprit au point de perdre sa fougue, son désir. Son pénis se ramollit, l'érection ne reviendrait pas. Takako se tourna, s'assit sur le bord du lit.

— Je ne te fais plus d'effet ? murmura-t-elle.

Que répondre ? Elle semblait triste, il ne trouva aucune explication qui puisse paraître crédible. Des larmes coulèrent, éclatèrent sur les cuisses roses de Takako. Il l'enlaça, puis vint se coller contre son corps longiforme.

— C'est parce que tu as peur ? lui demanda-t-elle.

Il ploya sous la charge de sa sincérité, laconique, se contentant d'un oui.

— De quoi as-tu peur ? insista-t-elle en baissant la tête.

— Précisément de ce qui nous arrive.

Il glissa ses doigts dans ses cheveux pour la rassurer. Peut-être voulait-il inverser les rôles pour sortir de cette impasse. Une fois les larmes séchées, ils se couchèrent. Un instant plus tard, Tsuneo retrouvait des forces. Le frôlement de leur corps permit à la soif de puissance physique de reprendre naissance. Il n'arrivait pas à exprimer le pourquoi de cette sensation, mais elle dépassait tout. Tsuneo revint vers l'humidité de la jeune femme. Il réussit à surmonter son angoisse, à se concentrer sur l'instant présent du désir, sans penser aux conséquences de son engagement, à toutes les déceptions potentielles qu'il pouvait infliger à sa compagne. Takako jouit au bout de quelques minutes seulement, inconsciente du fondement réel des craintes de son compagnon. Elle était heureuse.

Le soir suivant, ils essayèrent de revivre ce moment d'extase, puis tous les jours. Takako n'utilisait plus son appartement, c'était chez Tsuneo qu'elle se sentait bien, que les rendez-vous étaient donnés. Leur relation ritualisée devenait protocolaire. Que va penser ma mère ? s'inquiétait-elle. On ne vit pas sous le même toit sans mariage ! C'était pourtant ce vers quoi ils tendaient. Après tout, la morale ne nous mènera pas au bonheur, se justifiait-elle. Un jour, elle apporta les porcelaines Kakiemon offertes par sa mère pour son départ à Hiroshima. Tsuneo rit de la voir avec un paquet frapper à sa porte. Puis cela avait été rapide. Dans une balance, ils avaient opposé les arguments moralistes à ceux du bonheur. La balance avait penché du côté du bonheur. C'était décidé, elle rendrait son appartement au grand plaisir de Tsuneo qui n'attendait que cela.

— Ma mère est trop loin, dans sa province, tu n'auras qu'à partir le jour où elle me rendra visite. Elle ne viendra pas sans prévenir. Elle déteste prendre le train, avait-elle dit joyeusement.

Il y a des moments dans la vie où tout va très vite. Une vague vous emporte, et quelle que soit sa taille, c'est elle qui vous fait échouer là où elle a décidé. L'eau vous submerge le cœur, elle vous barbouille vivement les entrailles. On ne lutte pas contre une vague. S'il avait existé, le cadeau de Takako aurait pu se montrer sous cette forme.

Chapitre 2

LA CORDE SENSIBLE

Dans son club de Jazz habituel, Billy faisait corps avec sa contrebasse. Il l'enlaçait, se nourrissait des vibrations que la caisse de résonance amplifiait. Il utilisait parfois l'archet, et secouait son bras énergiquement devant les cordes. De sa blessure naissait une bouillie créative parfois mal canalisée. Alors, il se dandinait, devenait presque inquiétant lorsqu'il penchait la tête par dessus la caisse pour atteindre les notes les plus aigues. Aussi, il aimait produire des sons étranges. Charles Mingus était sans doute à l'origine de ses complaintes, ses hurlements d'agonie. Les sons de la contrebasse évoquaient le cri pathétique des baleines, puis sèchement, Billy frottait la corde la plus grave pour tuer son cri d'angoisse, et enchaîner sur accord majeur. Il est certain que Billy utilisait son instrument à des fins thérapeutiques, il jouait dessus sa propre histoire. De cette manière, il avait l'impression de maîtriser ses maux, cette torture continuelle de la bombe ; imprimée dans sa tête.

Un homme plongeait les lèvres dans la mousse d'une pression. Il faisait des grimaces à l'écoute des geignements tristes, une tête que l'on hérisse ainsi normalement après qu'un ongle crisse sur du verre. Il exhiba sa moustache de mousse blanche ridicule. Cette musique devenait désagréable pour les habitués, inaccessible pour les novices. On préférait les tubes d'Amérique, la rumba.

Takako et Tsuneo voulaient aussi qu'il cesse de jouer ainsi. Tsuneo le fixait avec insistance pour lui signifier qu'il allait trop loin, en prenant garde de ne pas le vexer, car il devenait de plus en plus fragile, ne supportait plus les critiques, et s'enfonçait dans sa solitude. Takako et Tsuneo s'en voulaient de le voir de moins en moins. Ils aimaient mieux être seuls ; quoi de plus normal pour un couple. Ils se déplaçaient assidûment au club lorsque Billy jouait, pour l'encourager ; la contrebasse semblait lui faire du bien. Billy s'indignait avec lucidité de cet apitoiement. Il n'avait aucune illusion sur la force d'un couple. Ses amis ne feraient pas éternellement ces efforts pour lui tenir compagnie. Il devait résoudre son problème tout seul. Mais il est difficile dans une société timide et prude, d'être irradié et homosexuel. Billy sentait son cœur se vider jour après jour, et ne comprenait plus vraiment s'il était utile de rester vivant, ou s'il devait se résoudre à couper court à cette existence pathétique.

Paradoxalement, il n'aimait plus les visites de Tsuneo. Il les sentait forcées, et regrettait le temps où il venait d'embaucher Takako. À ce moment là, tout était neuf, Itsuko était malade, mais vivante. Takako arrivait comme une bouffée d'oxygène, elle lui semblait fraîche. Puis elle l'avait aidé modestement lors de la mort d'Itsuko. Il se souvenait de son arrivée le premier jour : essoufflée et pleine d'énergie. Cela lui avait redonné de la force. Puis Tsuneo était apparu, avait gâché une amitié très ancienne. La première grande dispute avait eu lieu dans la boutique : Billy avait proposé la collocation à Tsuneo. Jamais il n'aurait cru capable son ami d'indifférence. « Après tout ce qu'Itsuko a fait pour toi… » En amitié, il n'y a pas de contrat. Tsuneo refusait, avec ses raisons, il se projetait déjà en ménage, et pourquoi pas avec une épouse nommée Takako. Le jeune homme cherchait à subvenir à ses besoins, seul, par tous les moyens. Son objectif ultime : devenir un citoyen lambda, devenir invisible. Mais un déchirement lui perçait les entrailles, il ne savait pas après tant d'années de maladie s'il pourrait devenir un mari ordinaire. Pis, la famille de Takako accepterait-elle qu'il épouse la jeune femme s'il le lui demandait ?

La normalité ne s'acquiert pas facilement.

Billy sentit ses yeux crevés par les deux projecteurs de la scène. La lumière venue du ciel s'effondrait sur son crâne de plus en plus lourd. En jouant, il se mit à penser : rien de pire ne peut arriver à un musicien sur une scène. Il semblait absent, verrouillé. Cette lumière pesante lui tapait le front. Il cherchait le regard de Tsuneo dans la salle, jouait des notes fausses. Les autres musiciens s'inquiétèrent. Où s'évade la fougue de Billy, la dextérité de l'artiste ? Il ralentirent le tempo. Va-t-il se ressaisir ? Faciès figé dans le vide, Billy s'appuya sur son instrument. L'immense carcasse lui servit de béquille, de compagnon au soutien fidèle. Puis, de tout leur poids, la contrebasse et Billy s'effondrèrent sur le sol. Les deux corps affalés ressemblaient à des amoureux endormis, les épaules détendues, sans inquiétude, se reposant avant de surmonter de futures embûches. Tsuneo se précipita sur la scène, souleva le buste de son ami avec le creux de son bras. Billy est mort ?

— Réveille-toi ! cria-t-il plusieurs fois en lui secouant la tête comme une salière.

Il a peut-être une crise cardiaque ? pensa-t-il. La petite foule se resserra autour des corps. La contrebasse se fendit sous les projecteurs.

— Allez, réveille-toi ! s'écria de nouveau Tsuneo.

Takako arriva dans son dos avec un verre d'eau glacée. Elle se mit à genoux sur la scène et le porta aux lèvres de Billy.

— Voyons, il est inconscient. Comment veux-tu qu'il boive ?

L'eau dégoulina sur le menton de Billy, puis dans son coup, avant de s'engouffrer dans le col de sa chemise à fleurs. Le torrent glacé inonda le torse de Billy. Il sentit des picotements dans ses avant-bras, puis tout au bout de ses doigts. Enfin, il entrevit la scène : de nombreuses têtes au-dessus de lui, les deux projecteurs. Pourquoi suis-je à terre ? pensait-il. Il semblait revenir à la raison, mais abandonnait toujours sa nuque au creux du bras de Tsuneo, dont le visage emplissait son champ de vision. En sentant le souffle du garçon, il murmura :

— Ça y est, tu viens me chercher ?

194

Son esprit revint lentement, il put admirer les sourcils délicats de son ami, le grain et la couleur de sa peau.

— C'est fini ? Je suis mort ? interrogea-t-il naïvement.

Takako lui tendit à nouveau le verre d'eau glacée. Elle le tint contre ses lèvres, et le but d'une traite.

— Nous allons t'emmener à l'hôpital, dit Tsuneo en l'aidant à se relever.

— Non, je ne veux pas aller à l'hôpital !

Il le fallait pourtant.

Takako soutenait Billy par la gauche, Tsuneo par la droite. Le malade se laissa porter de tout son poids sur l'échafaudage humain. Il semblait faible. Un musicien leur tendit le blouson de cuir de Billy.

— On va y aller à pied, précisa Tsuneo.

Aucune réponse de la part de Billy, amorphe. Ils sortirent du club dans la nuit chromatique. Des nuages torturés se déchiraient au-dessus d'eux, un quart de lune perçait la couche. L'astre exhibait ses cratères, ses renflements lumineux. Billy le regarda profondément, et dit :

— Je veux lui parler.

— À qui ? demanda Takako, qui ne comprenait rien à la requête de Billy.

— À la lune, ma princesse… La lune, indiqua-t-il avec un sourire empreint d'ironie.

Il est devenu fou, pensa Takako.

Dans la nuit moite, les trois amis avançaient à petits pas en direction de l'hôpital. Plus que quatre cent mètres à parcourir, il y seraient bientôt. Billy chantait comme un ivrogne, alors qu'il n'avait pas consommé d'alcool. Il recouvrait progressivement ses forces, montrait du doigt son astre fétiche. Bientôt, il pourrait marcher seul. Deux options s'offraient maintenant à lui : il devrait choisir entre vivre, ou mourir. Mourir était certainement l'option la plus simple, cela tenait à une corde, et à quelques précautions techniques élémentaires. Tout serait terminé ensuite, les angoisses, les peurs, la douleur, les brûlures. Mais vivre ? N'était-ce pas une affaire plus ambitieuse, non garantie, la recherche continuelle de l'apaisement, d'un palliatif. Billy eut une pensée pour les lanceurs de bombe. Qu'elle occasionne un maximum de dégâts, avaient-ils inscrit dans le cahier des charges. En titubant sur la chaussée, plus très sûr de son état, il se demanda ce qu'ils avaient voulu faire de lui. À l'abattoir, ou à l'hôpital ? Vivre, ou mourir ? Peut-être finirait-il son questionnement dans un asile.

Les examens subis ne révélèrent aucun traumatisme physique. Rien ne justifiait ce malaise, rien sauf peut-être une crise d'angoisse, ou de surmenage, évoqua le médecin. Surtout, il doit se reposer, c'est indispensable. Il insista avec consternation.

— Et la moto, je peux, la moto ?

Le faciès du médecin voulait dire non.

— Monsieur, vous êtes malade, vous devez vous reposer !

— Alors, je suis malade, ou je n'ai rien ? Il faudrait savoir, à la fin.

Tsuneo se sentait mal à l'aise, il n'osait plus serrer la main de Takako dont le mutisme était parlant.

— Je veux sortir. Laissez-moi rentrer chez moi !
hurla Billy en se levant, en furie.

Il va refaire un malaise, pensa le médecin.

— Monsieur rasseyez-vous !

Billy allait et venait le long du lit comme un lion
en cage. Si on ne faisait rien, il allait bientôt rugir, ou
sauter à la gorge du médecin.

Chapitre 3

LE RESCAPE

Le soir de la chute de Billy, Tsuneo et Takako l'avaient raccompagné chez lui. Le retour avait été compliqué, car Billy courait presque dans les rues. Ils ne pouvaient plus le suivre, et soudainement il s'asseyait par terre pour pleurer, têtu comme une mule, les yeux humides, puis il repartait à vive allure sans explications.

— Ne me laissez pas seul, dit-il une fois à l'intérieur de son appartement.

Ils l'avaient allongé, et celui-ci s'était endormi sur-le-champ. Peut-être s'évaderait-il dans un rêve, seul moyen d'arriver à ses fins. S'imaginerait-il dans les bras d'un corps, ou sur la houle de la mer intérieure de Seto, entouré des cinquante Néréides sur des dauphins. Que les nymphes t'emportent... Un corps nu d'éphèbe se dérobe dans les reflets de la houle. Tu aperçois ses bras tendus par la mer, une image mouvante, n'aie crainte. Regarde-la en face.

Il se retournait dans le lit, sur le bord, puis en chien de fusil, il cherchait la bonne position en poussant de petits gémissements. Au bout d'une heure, il dormait d'un sommeil lourd. Seule sa poitrine gonflait périodiquement le drap chiffonné. Takako ne voulait plus le surveiller comme un enfant. Elle s'ennuyait et demeurait silencieuse. Tsuneo serait bien resté ici, la nuit entière sur le sofa de cuir, mais Takako voulait son lit. Après tout, Billy dormait profondément, et désormais ils pouvaient partir l'esprits tranquille ; ils rentrèrent donc chez eux. L'appartement de Takako était rendu à son propriétaire depuis deux semaines, elle vivait maintenant chez Tsuneo. J'irai bientôt rendre visite à ma mère, se disait-elle. Restait le problème du courrier : inscrire deux noms de sexe opposé sur la même boîte à lettres, qu'allait-on penser ? Takako avait inscrit son adresse à la boutique pour éviter d'inutiles réactions. Elle restait discrète dans l'immeuble, regardait par la fenêtre avant de sortir.

Ce soir, ils n'éprouvaient pas l'envie de faire l'amour, épuisés par Billy. Ils s'enlacèrent dans le lit, s'embrassèrent longuement avant de plonger de manière synchrone dans le sommeil. L'appartement était modeste, Tsuneo accordait peu d'importance aux biens matériels. Le frugal peut être copieux quand les aliments sont frais et savoureux ; aphorisme de consolation peut-être, dont Takako s'accordait sans problème pourvu que Tsuneo soit à ses côtés.

Au milieu de la nuit, on frappa à la porte. C'était Billy, vêtu d'un pyjama sous son blouson de cuir :

— Je peux dormir chez vous ? implora-t-il derrière une mine de chien battu. Je suis seul, chez moi.

— Rentre vite, répondit Tsuneo à moitié nu.

— Je vais rester dans ce fauteuil, suggéra Billy. Je ne vous dérangerai pas.

Et il s'installa dans le fauteuil à fleurs récupéré chez une employée de l'imprimerie qui n'en voulait plus, puis s'endormit avant qu'il n'ait le temps de lui apporter un drap. Takako dormait, elle n'avait pas entendu frapper, ni l'entrée de Billy. Elle aurait la surprise de trouver son patron chez elle.

Au lever du Soleil, Tsuneo fila à l'imprimerie sans bruit. Il y allait avec plaisir, le plaisir de pouvoir se noyer dans le travail, ne penser qu'à ses feuilles, les empiler, les pousser, les glisser comme une machine. C'était la douleur du quotidien que l'on chassait en devenant une bête de travail. Son cerveau resterait au vestiaire, il le rangerait avec ses vêtements de ville, ses chaussures en cuir. Gratter les fonds avec un travail physique, idiot, se muer en un chien baveux motivé par une maigre friandise chaque fin de mois. Sentir raisonner la vie dans sa carcasse, voilà de quoi il avait envie ce matin. Billy était son meilleur ami, son seul ami réel, il ne pouvait pas le laisser dépérir.

Takako ne fut pas surprise au réveil de constater l'absence de Tsuneo, et la présence de Billy.

— Que fais-tu ici ? l'interrogea-t-elle tout de même avec la réponse au bout des lèvres.

— Allons, mangeons un peu avant d'aller ouvrir la boutique, suggéra-t-il d'une voix enrouée.

Billy n'avait pas faim, il voulut se terrer dans le fauteuil et tirer la couverture jusqu'à son cou.

— Tu viens chercher la contrebasse avec moi ? lui

demanda-t-il après quelques étirements.

Elle hocha la tête.

— Tu ne manges pas ?

C'était trop lui demander.

Tsuneo, furieux, n'avait jamais été aussi rapide. Il exécuta les tâches comme un automate. Hajime le regardait depuis la mezzanine, il se demanda quelle mouche l'avait piqué, même si ces derniers temps ses préoccupations naissaient ailleurs. Takako et Billy allèrent au club récupérer la contrebasse abandonnée la veille. Les cernes noires de Billy illustraient sa fatigue, ses joues creuses, son teint de cadavre. Il ne dormait plus depuis des semaines, même si cette fin de nuit chez ses amis l'avait un peu requinqué. Il s'efforça de sembler apaisé, de se comporter comme si rien ne s'était passé. Il salua des passants connus, tenta de faire oublier sa tristesse en émettant des sourires joviaux. Takako sentait bien que cela était superficiel, mais comment l'aider ? Elle ne voulait pas le loger, non, cela n'était pas possible. Billy devrait apprendre à vivre avec ses maux, et trouver par lui-même les ingrédients d'un remède à son mal.

La contrebasse avait été soigneusement rangée dans son écrin, légèrement fendue suite à la chute. Elle attendait couchée sur le flanc que Billy vienne la chercher. Le propriétaire du club semblait heureux de le revoir, même s'il se serait bien passé de l'événement ; un homme vulgaire mais sympathique, au crâne dégarni, luisant de sueur. Il se gratta la nuque en préparant du thé.

— Tu nous as fichu une peur noire, s'écria-t-il.

— Je vais bien, le rassura Billy sans y croire.

Il leur offrit un thé brûlant dont les volutes de fumée tournoyaient devant leurs têtes. Dans ces volutes, Billy semblait se perdre, ça recommençait, l'émotion l'emportait à nouveau. Je dois me contrôler, pensa-t-il. Du point de vue de Takako, cela ressemblait à une marionnette abandonnée. La fixation dura quelques secondes, puis Billy se ranima sans explication, et leva sa tasse pour se délecter du délicieux liquide.

Chapitre 4

LE MONDE TOURNE

D'un point de vue matérialiste, la pensée de l'homme est issue d'un phénomène chimique, elle est le fruit des réactions internes d'un mollusque coiffé d'os, le cerveau, et peut avoir des conséquences externes violentes. Le pouvoir humain pourrait se définir ainsi : « Pensées d'un homme contaminant les pensées d'autres hommes », capables de les convertir en assassins en les nourrissant de haines envers un ennemi commun, ou condamner à mort des populations entières pour des raisons personnelles. De quoi se nourrit-elle ? Les liquides et la chaleur fournis par son corps offrent un substrat indispensable à la chimie cérébrale du penseur, c'est sa base mécanique. Mais cela est insuffisant : sans données à analyser, le cerveau n'est rien ; il les puisera dans le monde où il baigne via les sens.

Dès le passage du col de l'utérus, après une première bouffée d'air, les sens du penseur seront définitivement connectés au monde tel qu'il le connaîtra jusqu'à sa mort, ce monde dont il apprendra les lois et les dangers. Très vite, il emmagasinera des quantités phénoménales de données. Puis, les années passeront, durant lesquelles la synthèse de ses sens influencera ses émotions à chaque instant, qu'il le veuille ou non. Il déduira, calculera, sera ému, contrarié, fatigué, amoureux, heureux, tout en se convainquant de l'existence d'une hypothétique liberté de penser – liberté signifiant absence de contrainte, mais ne serait-ce que la respiration est une contrainte : la liberté existe-t-elle chez l'homme ? Cela durera longtemps, jusqu'à ce qu'un jour, 267180 heures après sa première bouffée d'air, il transmette sereinement une conclusion subliminale au reste du monde : il était absolument indispensable de lancer une bombe atomique sur une population civile. La pensée est un système chaotique à l'évolution instable par essence, trop complexe pour que nous puissions un jour en saisir toutes les règles.

Ce qui fait la raison, fait le mystère.

Avec pour conséquence deux cent mille morts humaines, et bientôt, une de plus.

La première fois que mes nausées sont revenues, c'était à l'imprimerie. J'ai sûrement trop forcé, pensait Tsuneo. Il était devant la presse, portait un tas de feuilles sur ses avant-bras, quand elles lui ont paru extrêmement lourde. Leur poids décuplé était sans doute une illusion, d'autant plus irréelle que le sol se mit à tournoyer. Un collet imaginaire serra sa gorge, noua son cœur : il se réveilla à terre, entouré d'une mare de nourriture à moitié digérée. Ses collègues l'aidèrent à se relever.

— Qu'est-ce qui lui arrive ?

— Il a dû manger un poisson avarié.

Hajime descendit l'escalier de fer à grands pas, il semblait furieux de l'émeute, mais se calma en constatant un simple malaise, comme il s'en produit tous les jours chez de nombreuses personnes. Sa face se décrispa, il repensa à la femme, et tout allait mieux.

Ton regard de fouine réveillerait un mort, pensait Tsuneo. Où étais-tu le six août 19XX ?

Affables, ses collègues avaient tout nettoyé pendant qu'il reprenait ses esprits. C'était compliqué pour lui, dont le travail jouait le rôle d'échappatoire, de sentir ses forces faiblir en plein exercice d'oubli psychanalytique. Les seaux étaient rangés, les serpillières rincées, et l'activité avait repris. Il n'était pas question de profiter des maux d'un collègue pour faire une pause, ou rechigner à la besogne, car Hajime surveillait désormais les opérations depuis la mezzanine. Il rentra dans son bureau sans émettre le moindre jugement, ni la moindre critique. Il ne prononça d'ailleurs aucun mot durant la scène.

Les jours suivants, les nausées de Tsuneo avaient disparu. Takako continuait de se délecter de sa liaison non officialisée. Ce soir, ils sortaient au club, mais pas dans leur club habituel. Elle se lassait du jazz entendu à longueur de journée dans la boutique. Elle désirait changer d'air, se sentir entière face à Tsuneo. Non que Billy parasitât leur couple, mais parfois elle ressentait ce besoin d'exclusivité que l'on peut comprendre, ce besoin de vivre une union purement duelle pour renforcer son amour. Elle voulait plonger dans ses yeux sans regard extérieur, l'esprit tranquille, car Billy détenait cette propension à attirer vers lui les autres, dans sa quête perpétuelle de reconnaissance et d'identification. Ce qui dérangeait Takako finalement, était que Billy devait seulement surmonter un deuil : il n'avait pas été malade de la bombe, pas physiquement, contrairement à Tsuneo qui, à son avis, avait souffert davantage. Le traumatisme mental devait être surpassé dès l'instant que la santé physique restait indemne, mais Billy n'était pas capricieux, et le deuil de sa tante Itsuko n'était probablement qu'un prétexte pour formaliser son propre mal-être. Bien sûr, Tsuneo revenait de loin, il avait connu une enfance terne, sans réel amour parental, suivie d'une longue adolescence à l'hôpital, peu encline à l'épanouissement. Cela faisait deux ans seulement qu'il pouvait vivre normalement : son intense besoin de normalité sociétale se concrétisait enfin, il avait passé l'essentiel de sa vie à l'attendre.

— Nous pouvons aller dans un club de rumba, proposa Tsuneo.

— Non, je préférerais aller jouer de l'argent. Oh, s'il te plaît… »

Il accepta pour lui faire plaisir, même si ce lieu importé d'Amérique ne l'animait d'aucun désir. Ils y allèrent à la nuit tombée, sous un ciel limpide plafonné d'étoile en concurrence avec la lune. Dans le saloon, ils respirèrent l'air saturé et sentirent la chaleur de l'argent joué contre des machines toujours gagnantes au final. Le principe était simple : il suffisait de glisser une pièce dans la fente métallique, et d'actionner un petit levier pour libérer quelques billes qui descendaient, rebondissaient sur d'innombrables clous. Les billes attirées par la gravité terrestre dans leurs parcours chaotiques, se destinaient rarement aux fentes correspondant aux gains les plus forts. Takako riait, explosait d'enthousiasme en regardant descendre ses billes. On distinguait à peine ses rires au milieu du criaillements des machines à sous, des pièces entrechoquées par milliers. Des lampes clignotaient à tout va, hypnotisaient le joueur pour mieux le tenir en transe, pour mieux vider sa bourse. La pluie de billes ennuyait profondément Tsuneo. Il ne comprenait pas le plaisir émané des yeux de Takako, dans un lieu où la perte définissait la règle.

Takako eut une chance supérieure à la moyenne des joueurs : des sonneries retentirent de sa machine vrombissante. Une rivière de pièces se déversa dans le bac des gains en bas de la machine. Elle exulta en frappant dans ses mains, sauta au cou de Tsuneo impavide.

— Quelle chance. Nous achèterons un service en céramique avec l'argent, cria-t-elle.

Il hocha la tête, c'était d'accord.

La regarder sourire était un plaisir, mais il pensa à Billy qui, à cet instant, se trouvait seul chez lui sans rien à faire. Peut-être regardait-il la lune en pensant à Itsuko. Takako forma une poche avec son pull pour contenir toutes les pièces, la quantité ne tenait pas dans ses mains.

— On arrête ! Il faut toujours arrêter quand on

gagne, dit-elle raisonnablement.

— Je suis d'accord, il faut toujours arrêter quand on gagne, répéta-t-il en hochant la tête.

Ce soir, la nonchalance de Tsuneo n'avait rien à voir avec une faiblesse de leur amour. Tsuneo était un peu mélancolique d'avoir laissé tomber son ami, certes, mais son indolence allait au-delà de cette simple contrariété. Il se sentait faible, épuisé, et ses nausées revenaient progressivement. Il savait précisément ce qui lui arrivait. Si seulement il s'agissait d'une indigestion, pensait-il. Avec les années, il connaissait son corps et ses alarmes biologiques, et ce genre de nausée ne ressemblait en rien à une indigestion. Son mal s'accompagnait de vertiges, de pertes d'équilibre, d'une sensation de lourdeur comme si chaque centimètre cube de son corps était lesté. Il n'avait pas la force de partager l'enthousiasme de Takako, et s'angoissait de ne pouvoir le faire. Alors, il tenta au mieux de sauver les apparences en arborant son fameux sourire. Une fois repris, ils rentrèrent directement avec leurs gains, saisis d'un grand contraste sentimental.

Chapitre 5

Parallelepipede Blanc

Nous sommes bien fragiles sur le rocher Terre. Parfois, une dissonance résonne au milieu d'une symphonie. S'en vient le soir. Au crépuscule, les ombres vivent des dernières lueurs sans ressentir la moindre colère. Je vous parlais de dignité comme un fait propre à Hiroshima, c'est un cas unique. Les lueurs de la ville frôlent les ténèbres depuis vingt ans déjà ; on les comprendra dans un siècle. Elles franchissent l'infranchissable, chaque jour vécu comme un palier supplémentaire, regardent vers la baie en direction de la mer. Leur sol se dérobe chaque minute, après chaque mouvement de respiration. Est-ce pour cela que les victimes respirent lentement avant de mourir, l'esprit cataclysmique les force à se délecter du présent. Finalement, l'histoire des hommes n'est pas si complexe : elle se résume à la survie des individus devant la masse. L'empathie existe, la pitié aussi, pour mieux satisfaire des besoins personnels. L'homme n'est mû que par son bien-être, une quête perpétuelle : le mieux comme objectif ultime, trop souvent au détriment d'autrui.

Takako se pliait, rabattait ses coudes contre ses aines, et fondait en larmes à côté de Tsuneo. Elle n'osait plus le regarder. Chaque regard jeté avec froideur sur son corps semblait lui percer le cœur, comme si sa pitié et sa tristesse la rapprocheraient du bord d'un précipice. Mais pourquoi culpabiliser, elle n'y était pour rien. Il maigrissait à vue d'œil, alité sur un lit blanc, tendre, de forme parallélépipédique, la forme de l'hôpital de la Bombe ; une forme de cercueil. Son corps paraissait composé de cristal. De peur de le briser, elle se limitait à quelques caresses légères à sa surface. Ces effleurements provoquaient des décharges, des frissons bien plus intenses qu'un toucher franc.

Parmi les voisins de Tsuneo, l'un ressemblait à une momie desséchée, l'autre gémissait périodiquement. Les oiseaux pépiaient à travers le vitrage : dehors, la vie abondait avec une insolente gaieté. Takako n'avait pas acheté le service en céramique dont elle rêvait. Jamais elle n'avait imaginé une telle chute. L'enthousiasme paraissait devenu si lointain, comme si des années la séparaient de ce moment où les pièces avaient dégringolé avec folie de la machine de jeu. Le silence de la chambre d'hôpital remplaçait le fracas du saloon. Les murs azur adoucissaient les complaintes. À leur surface luisaient deux losanges ; un pour chaque fenêtre. Il y avait un fauteuil dans le coin de la pièce, mais Takako préférait la chaise, plus facile à glisser entre le flanc du lit et le mur azur.

Billy viendrait tout à l'heure pour veiller Tsuneo, ils alterneraient les visites avec Takako pour maintenir la boutique ouverte. Son rituel serait le même qu'avec sa tante Itsuko : il s'assiérait d'abord sur le fauteuil sans parler, puis tenterait de lui faire ingurgiter quelques aliments délicieux pour lui redonner de la force et de l'espoir. Mais Tsuneo ne montrerait aucun signe de faim, trop occupé à survivre pour ressentir le moindre désir. Puis il amènerait sa contrebasse dans la chambre à trois lits, et pincerait les cordes en pizzicato, l'archet étant trop ostentatoire pour un hôpital. Il devrait montrer sa détermination pour convaincre le docteur Shigetô de le laisser jouer, plaider les bénéfices de sa musique, qu'après tout, pourquoi pas, les voisins de Tsuneo en profiteraient aussi.

Fumio Shigetô était entré dans la chambre. Takako se leva dès qu'elle se sentit ressaisie.

Tension : basse, cœur : faible, température : élevée. L'auscultation paraissait mystérieuse aux yeux du docteur. Au début, les symptômes défiaient les connaissances, il doutait, croyait rêver ou se tromper. Mais les années défilèrent à la chaîne, comme les malades, rendant logique des résultats autrefois incroyables. Les taux anormaux de globules blancs étaient devenu routiniers, la perte des cheveux, les nausées, la faiblesse… Quoi faire ? Les traitements sont peu efficaces quand le mal s'est installé. Alors rassurer, soulager la douleur, accompagner : voilà ce qu'il reste comme possibilité vingt ans après une bombe atomique. La guérison est impossible.

Expliquez à des malades qu'ils vont mourir d'une guerre échue, qu'à l'époque, on a cru bien faire avec ces prototypes :

« Chers cobayes d'Hiroshima,

Les conditions météorologiques étaient très favorables au matin du six août 1945, et votre ville possède la particularité rare d'être encerclée de collines. C'est pourquoi elle constituait une cible favorable pour notre nouvelle arme, dont vous connaissez désormais l'efficacité et les dangers. Nous n'avons effectué aucun bombardement sur Hiroshima avant ce jour ; par nécessité de mesurer objectivement les dégâts de l'explosion.

Les radiations disparaîtront rapidement, nos équipes se sont rendues sur place pour vérifier la radioactivité à différents endroits du site. Il n'y aura aucun danger à retourner vivre dans la ville lorsqu'elle sera reconstruite. Si néanmoins dans vingt ans des personnes présentaient les symptômes d'une irradiation, il nous serait impossible d'établir un lien sérieux entre leurs maux et l'explosion atomique du six août 1945.

Nous vous promettons la recette du transistor en échange, grâce à laquelle vous deviendrez riches, vous inonderez le monde avec vos productions.

Bien à vous. »

Signé, l'agresseur xyloglotte.

Cette lettre est une digression, évidemment, et dans la réalité, personne n'oserait aller si loin, tant il y a des choses que l'on ne peut pas dire. Le docteur lui, ne parlait pas, il se pencha sur Tsuneo, et le roula sur le dos ; il se tenait en chien de fusil. Il connaissait bien son patient, il l'avait accompagné durant son adolescence et se souvenait de la femme venue un jour avec cet enfant dans la main droite, une poignée de cheveux dans la main gauche. Que dire ? Courage ? Vous ne souffrirez pas ? Ne rien dire ? Il choisissait le plus souvent la dernière option.

Billy arriva, il traversa lentement le cadre azur pour entrer dans la chambre. Takako se jeta dans ses bras, le réconfort entre eux était à l'équilibre. Il posa son sac contenant des concombres frais, un petit récipient de sauce, et quelques fruits.

— Va à la boutique, lui dit-il en posant la clef dans le creux sa main. Je veillerai sur lui jusqu'à ton retour.

Takako fit un baiser sur le front de Tsuneo, et disparut, avalée par le cadre azur sans même se retourner. Quand je repense à l'article de Naoki Omura ; ce dernier mériterait d'être sur le lit à la place de Tsuneo, pensait-elle. Naoki avait en effet publié un article relatant la guérison miraculeuse de Tsuneo, vantant son intégration et son rôle utile dans la société.

— Ce n'était qu'une rémission, cria-t-elle sur le parvis de l'hôpital. On ne peut pas vivre tranquille, lui et moi ? Va-t-on oublier cette guerre un jour, tourner la page ?

Des passants la regardaient.

— Oui, vous ignorez mon cri, et que dire après ? Rentrez chez vous, vivez, profitez si vous pouvez ! C'est beau la mémoire, mais on en fait quoi ?

Les pauvres passants consternés n'y étaient pour rien, il soupçonnaient la folie. Elle continua de déchaîner sa colère :

— Qui nous écoute ? Personne ? Jusqu'où faudra-t-il aller pour se faire entendre ? hurla-t-elle avant de partir en courant vers la boutique.

En quelques minutes, elle fut arrivée à destination.

— Le jazz. Je n'en peux plus… dit-elle une fois entrée dans la boutique.

Elle prit une poignée de disques au hasard, la jeta par terre, puis arracha le bras du tourne-disque.

— Il va me tuer avec son jazz !

Quand une musique est associée à un évènement, elle nous déchire ; à chaque diffusion, à chaque réécoute, c'est la même chose, on tourne en boucle comme un disque rayé. Heureusement, elle n'avait pas de briquet sur elle, et un client habitué entra, surpris, gêné par le silence. Il lui demanda :

— Il n'y a pas de musique ? La platine est cassée ?

— Oui, elle est cassée… Tout se casse un jour, ajouta-t-elle.

— C'est bien dommage. Voulez-vous que je jette un œil ? insista le client.

— Non merci, Billy va la réparer. Il finit toujours pas tout réparer.

Elle le servit, ramassa les disques sans commentaire. Seul le bruit d'un sac en papier perça le silence. Elle y introduisit l'achat du client, et le tendit en échange de la monnaie. L'homme ne s'éternisa pas ; il avait senti le malaise.

Seule dans la boutique, elle attendit le retour de Billy avec impatience. Pressée de retourner au chevet de son amour, elle rôdait comme un lion dans la longueur de sa cage jusqu'au soir, où elle courut de nouveau vers l'hôpital. Elle se dépêchait car les visites avaient une limite horaire bien précise. Tsuneo n'avait pas bougé d'un millimètre, il ne cessait plus d'imprimer sa trace sur son linceul. Billy n'était pas parvenu à lui faire avaler le moindre morceau de nourriture, si fraîche fut-elle. Il n'avait pas non plus discuté, n'avait rien fait, savait qu'il n'y avait rien à faire. Peut-être aurait-il dû laisser sa place à Takako pour qu'elle profite de lui un moment supplémentaire. « Bah, mon pauvre vieux » avait-il baragouiné dehors sous son casque, avant de démarrer sa Bridgestone série 90 pour fuir la lourdeur de cet hôpital maudit.

Takako était rentrée. La nuit tombait avec elle. Face à sa fenêtre, elle aperçut une grue déployer ses ailes majestueuses, et sentit l'ascension de la lune. Se confier à l'astre était la seule chose à faire désormais, un rituel que rien ne trouble. Je suis à ma place, pensait-elle, ici devant toi, devant la lune. Elle déplaça une chaise, la positionna devant la fenêtre, fut étrangement apaisée d'être face à une stabilité infiniment plus grande que n'importe quelle vie humaine, de voir les arcs du croissant gris déchirer le ciel. Elle resta ainsi plusieurs heures à confier sa peine à la lune.

Chapitre 6

DELIE SENSIBLE

Tsuneo arriva inexorablement à la fin de sa vie, il ne lui restait plus que quelques heures à subir le regard attristé de Takako. Bientôt, son cœur cesserait de battre, et ce serait fini. Sur son lit d'hôpital, il regardait le docteur Shigetô qui, en traversant le cadre de la porte, pensa qu'un décès de plus allait s'ajouter à une liste déjà longue. Il en avait connu tant d'autres, il n'avait fait que cela : enregistrer les données biologiques de corps meurtris, tenter de trouver des traitements souvent inefficaces et lourds. Soigner les rescapés de la bombe revenait à construire une digue pour se protéger d'un tsunami géant. On entasse des pierres ou du sable de manière empirique aux endroits où, selon les intuitions, les anciens, ou de maigres calculs, l'eau doit arriver. Puis, le jour où la mer se fâche, tout est balayé en quelques secondes. D'un coup de langue, un seul, elle emporte minutieusement le travail de plusieurs mois de lutte. Mais dire de la médecine du docteur Shigetô qu'elle était inefficace serait offensant. Non, le docteur avait défriché cette forêt inexplorée des effets des radiations, c'était déjà un travail immense. Et peut-être n'existait-il aucun remède, que le plus efficace aurait été de ne jamais lancer cet engin de mort. Il concluait par la nécessité d'interdire les armes nucléaires. Quant à savoir où cela nous mènera…

Tsuneo déploya ses ailes. Il développa une énergie folle, relativement à son état, pour se plonger encore dans les yeux de Takako. C'était une erreur, jamais je n'aurais dû m'autoriser cet amour, pensait-il.

Ou plutôt pensais-je.

Car si Tsuneo l'avait pensé, je l'avais pensé.

J'écris ce livre sous couvert d'un narrateur anonyme.

Je vous raconte ma propre histoire, et intrinsèquement la tienne, Takako.

En parlant de nous à la troisième personne, je voudrais te raconter toutes les choses que je n'arrivais pas à formuler lorsque nous étions ensemble, pendant nos baisers, nos accolades, nos rires. J'espérais sans cesse que tu comprennes, je te laissais des indices. Mais peu importe, le manuscrit est resté à l'abri sous mon canapé, c'est ma faute, j'aurais dû te le montrer vite. Tu le retrouveras probablement après ma mort, lorsque tu nettoieras l'appartement. À moins que tu n'en aies pas la force, ou que tu partes vivre ailleurs. Dans ce cas, je veux que l'on te le transmette, c'est important que tu le lises.

D'où je suis, je survole la merveilleuse Hiroshima entre mes ailes de grue. Mes yeux perçants lancent des regards à ceux qui confient leur peine à la lune, j'en aperçois beaucoup. Ils me distinguent sous la forme d'une tache en V qui balaye l'astre, lorsque mon passage absorbe l'illumination des cratères. Je vais bientôt partir, comme vous tous. En voudrais-je aux lanceurs de bombes ? Peut-être ? Pas plus qu'à l'Empereur, aux armées, ou à un banal meurtrier de ruelle. Je ne suis qu'un imprimeur, un simple ouvrier, un artisan de la mémoire, mais j'espère ne pas avoir écrit ces mots pour rien, que les consciences évolueront.

Mon manuscrit est bien rangé, il faudra en faire quelque chose. Je te fais confiance, à toi mon amour, à toi pour le valoriser. Tu sauras le rendre beau. Peut-être arriveras-tu à convaincre Hajime M de l'imprimer en souvenir de moi. Promis, je ne l'appellerai plus la fouine. Après tout, il m'a fait confiance, il m'a embauché en sachant très bien d'où je venais, qui j'étais. J'ai appris récemment par une employée que lui aussi avait perdu des membres de sa famille le six août 19XX, comme aimait dire Billy. Je comprends mieux ce qui l'attendait au Parc du Mémorial de la Paix, mais encore une fois, je suis déçu, j'aurais voulu qu'il m'embauche pour ce que je suis, et non par simple empathie, encore moins par pitié. Je crois aux hommes. Ils lutteront contre leur nature guerrière, et rendront notre espèce acceptable, j'en suis sûr. Et s'ils ne le font pas ? Qu'ils disparaissent de la Terre ; elle n'en voudra plus. Le choix semble restreint, non ?

Lorsque tu foules le sol d'Hiroshima, tu piétines les os, le sang, la moelle des victimes. Certains scandent déjà des slogans dans leurs marches obstinées, où la mémoire rôde et rappelle à la ville son caractère unique. On entend : « Plus jamais Hiroshima », je ne le souhaite à personne en effet. C'est un début, mais qu'en penseront les États à la recherche du feu atomique, prêts à tout pour se procurer sa puissance illimitée ? Il faudra dépasser la peur de l'attaque, et ne plus menacer personne pour réussir à abolir les armes nucléaires. Bref, lutter contre les vestiges, les vertiges de la civilisation humaine. Ce n'est pas une mince affaire, je te l'accorde, mais il est question de survie. Alors marche, marche avec eux sur les os, le sang, la moelle, et crie leurs slogans pour qu'ils deviennent les tiens.

En tant que témoin – ou martyr si ce terme ne te dérange pas – je te confirme, Takako, que ce récit a été douloureux. Ma poitrine se déchirait particulièrement lorsque je repensais à la femme qui m'a sauvé des ruines. Je n'ai jamais su qui elle était, je ne saurai jamais. Je hurlais en voyant mon ami Billy souffrir de la perte de sa tante Itsuko. À quoi bon vivre dans cet état de dépression ? Le pauvre. Je vais risquer une réponse : parce qu'il veut nous montrer de quoi est capable la dignité humaine. Nous, les victimes, ne cédons pas si facilement devant les appels de la mort, devant la tentation de réduire nos souffrances en écourtant nos vies. Nous voulons montrer nos plaies au monde. Il le faut, il faut que les lanceurs de bombes sentent l'odeur de nos chairs, qu'ils viennent palper nos blessures. Nous ne partirons pas avec nos souvenirs, c'est inconcevable.

En t'attendant, je survolerai Hiroshima. Peut-être

m'apercevras-tu dans le ciel nocturne. Je tournoierai au-dessus de l'immeuble, et tu lèveras la tête pour me lancer un regard. Parfois j'avancerai en direction du rivage, puis je m'échouerai vers la mer. Je te promets de revenir souvent. J'essaie de sortir de manière honorable de cette vie courte, ce manuscrit en sera la trace. J'espère que tu seras la première à le lire, Takako. Lorsque tu le poseras sur tes genoux, essaie de ne pas pleurer, j'ai écrit à l'encre de Chine. Je ne peux pas le relier, mais toutes les pages sont numérotées pour te faciliter la tâche. Tu peux le modifier, je ne t'en voudrai pas. Sois indulgente avec ce que j'ai dit de toi, et prends soin de Billy. Aussi faut-il que tu termines « Fleurs d'été », le livre de Tamaki Hara ; lis le pour moi. Tu vas peut-être penser que j'avais senti venir l'heure de ma mort, que je suis un salaud. Oui, comme tout le monde, mais on ne m'avait pas dit quand. Je n'ai pas osé t'avouer la gravité de ma leucémie. Le docteur Shigetô l'avait bien précisé, il ne comprenait pas pourquoi j'avais guéri spontanément. Ce n'était qu'une rémission, il devait s'en douter sans vouloir m'en parler. Cela aura profité à Naoki, son article aura peut-être saupoudré un peu d'espoir dans les foyers de la ville. Tant mieux pour lui, même s'il a relaté des sornettes en réalité. Nous aurons essayé de lutter contre la bombe avec notre amour, mais elle est plus forte. Tu en doutais ?

À l'heure où j'écris ces lignes, tu es en train de dormir dans la petite chambre. Nous sommes chez moi, tu es inquiète, je te comprends. Mes nausées reprennent. Elles m'auront accompagné pendant un tiers de mon existence, mais je ne m'y habituerai jamais. Demain, nous irons à l'hôpital, et le docteur Shigetô prendra soin de moi. J'ai dépassé depuis longtemps le stade des illusions, je sais que je franchirai la porte de sortie de l'hôpital avec mon cœur éteint. Il faudra que tu sois forte. J'espère que je mourrai vite pour que tu souffres le moins possible des plaies ouvertes par l'espoir. Excuse-moi de t'avoir laissé croire en l'avenir, mais un salaud épris d'amour ne peut agir autrement.

Il est temps de conclure. Je vais essayer de reprendre l'écriture à la troisième personne, d'imaginer une fin à notre histoire dans un dernier chapitre baumé de poésie ; cela rend la réalité plus acceptable. Ce n'est pas un exercice facile avec mes nausées, pardonne-moi si je me trompe. Puis, je rangerai soigneusement le tas de feuilles numérotées sous le canapé, là où il est réfugié depuis les première lignes.

Embrasse Billy, fait ce qu'il faut pour le rendre heureux.

À bientôt mon amour.

J'écoute ton souffle dans la nuit.

Je vais tenter de l'emmener avec moi.

Chapitre 7

LE SOUFFLE DE STAN GETZ

D'un coup, et sans préavis, Tsuneo et Takako se retrouvèrent rétrécis à tournoyer à la surface d'un disque vinyle. Il s'agissait de l'album « Conception », compilation de jazz anthologique, incluant Miles Davis, Stan Getz, Chubby Jackson et Lee Konitz. Stan Getz justement, s'amusait à nuancer le grain rugueux de son saxophone ténor, lorsque nos protagoniste se retrouvèrent à genoux sur le microsillon. Leur taille leur permettait aisément de passer sous le bras de lecture. Tour après tour, ils marchèrent à quatre pattes, rampèrent difficilement pour atteindre le centre du disque, et s'y retrouver.

Une fois le téton de centrage laborieusement atteint, ils s'en saisirent chacun pour se redresser, s'élevèrent en moins de temps qu'il avait fallu à l'Homo Erectus pour le faire. Leurs minois tournèrent, avec en arrière-plan la boutique de Billy en mouvement, les couleurs diluées, et Stan Getz qui ne lâchait plus du bec son saxophone ténor. Takako sentit les yeux de Tsuneo, plus précisément, la force jaillissant des yeux de Tsuneo. Elle fut une nouvelle fois happée par le regard intense du garçon — confirmant au passage à elle-même que l'expression d'un être peut modifier son destin à jamais — puis elle se mit à pleurer. Le décor glissait derrière eux, derrière leurs visages lisses de jeunes adultes. L'effet de rotation devenait de plus en plus puissant, l'équilibre était difficile à trouver.

Stan Getz accéléra la cadence.

Les notes resserrées s'enlacèrent dans la folie du jazz.

Que faire lorsque l'on perd un être cher ? S'éjecter du disque, ou tenter de s'y accrocher en risquant de vivre avec un tournis éternel, pensait Takako ? Tsuneo la suppliait, accroché au téton de centrage. Aphasique, il tentait de communiquer avec son regard, comme il l'avait fait pour survivre un matin d'août 1945, ou lorsqu'il faisait rire sa mère de substitution, cette femme dont les cheveux tombaient au moment où elle prenait conscience de sa proximité avec la mort. Rester pour qui ? pensait-elle les joues inondées. Elle tenta de s'agripper à la main tendue de Tsuneo, mais Stan Getz ne sembla pas d'accord. Il soupira plus fort dans son instrument.

Elle perdit l'équilibre et glissa sur le disque qui tournait à vive allure. Tsuneo hurla pour qu'elle revienne, mais sa peine était trop importante, rien ne pouvait plus la relever. Takako se retrouva de plus en plus proche de la périphérie du disque.

Et la douleur ? Tsuneo l'avait supportée avec tellement de courage ; une résistance dont Takako rêvait. Elle se laissa emporter par la force centrifuge, et ses pieds arrivèrent au bord du disque, puis son ventre, et enfin son corps entier. Pendant quelques secondes, elle s'accrocha à la tranche du vinyle. Le saxophone ténor de Stan Getz ne cesserait donc jamais de ronfler, pensait-elle. Tsuneo cria enfin, il l'encouragea à ne pas lâcher. Mais Takako ne distinguant plus son visage, son regard, son sourire, détendit un par un les muscles de ses doigts, et chuta dans le vide.

La vie tourbillonne et vous éjecte comme un disque.

L'amour s'évapore.

Fin du manuscrit de Tsuneo Harada.

NOTE DE BILLY

Cela pourra vous paraître étrange que je me permette d'écrire après Tsuneo, mais sans cette note, son récit serait incomplet. J'ai longtemps réfléchi, fait des brouillons par dizaines, puis décrété que vous me permettriez d'y ajouter un événement important qu'il n'aurait pas pu mentionner, ni concevoir, puisque post-mortem. Avec ma modeste plume, je vais essayer de terminer le récit des fantômes d'Hiroshima, même si je ne peux être sûr que Tsuneo aurait souhaité cela. Mon mal au cœur n'est pas guéri, c'est même pire depuis les événements récents, mais je cesse de parler de moi ; Tsuneo l'a suffisamment fait avec lucidité.

Il y a un an environ, Takako n'est plus venue travailler à la boutique. J'étais inquiet dès le premier jour, car depuis la mort de Tsuneo, elle semblait extrêmement fragile, peut-être plus que moi finalement. Je suis allé prendre de ses nouvelles chez eux, la porte n'était pas fermée à clef, et il n'y avait aucun bruit dans l'appartement. J'ai pénétré à l'intérieur, silencieusement, j'avais l'impression d'être un cambrioleur. J'ai d'abord pensé qu'elle était sortie pour acheter quelques provisions, ou tout simplement pour prendre l'air. Puis, je n'ai plus cru à une telle simplicité, je ne saurais pas dire pourquoi exactement.

J'ai regardé le fauteuil où ils m'avaient accueilli lorsque je touchais le fond, tout était en ordre, rien à signaler. Devais-je aller plus loin ? Je ne sais pas, mais je l'ai fait, je suis entré dans la chambre où Takako semblait dormir. En réalité, elle ne dormait pas, son corps était recouvert d'un drap dont seul son visage débordait. Il était sans vie ; je suis devenu fou. J'ai essayé de la porter, de la sauver. J'ai couru dans la rue avec elle dans mes bras. Elle était lourde, cela ne servait à rien de se rendre à l'hôpital, c'était trop tard. J'y suis allé quand même. C'était dur, mais une force incroyable venait de nulle part, la même force qui nous avait mû le six août 19XX. J'y suis finalement parvenu, et on m'a confirmé le diagnostic :

— Votre amie s'est suicidée avec des médicaments. On ne peut plus rien faire pour la sauver.

Quand je pense qu'il était huit heures quinze, l'heure exacte où Hiroshima a été aplatie, j'ai le cœur lourd.

J'ai vu le docteur Shigetô. Il m'a lui aussi confirmé le décès de Takako. Il avait envie de parler, c'était rare me semble-t-il. Il m'a confié que Takako était venue le remercier après la mort de Tsuneo pour ses bons traitements ; elle lui avait offert un cerf et une biche en céramique. Il s'en voulait de ne pas avoir su trouver les mots pour la réconforter, c'était selon lui son problème principal. Peut-être me parlait-il ainsi pour éviter une hécatombe.

J'ai laissé s'écouler quelques jours avant de retourner dans l'appartement. J'ai retrouvé le manuscrit de Tsuneo, il était simplement posé sur la table de nuit. Je ne savais pas qu'il écrivait, alors je l'ai lu, et j'ai compris comme vous qu'il comptait sur Takako pour le diffuser. La lecture devait être trop dure pour elle, c'est possible, mais je ne veux pas faire d'hypothèse : je pense simplement que la vie sans Tsuneo était inenvisageable.

Ce qu'a raconté Tsuneo sur des fragments de nos vies est fidèle. Je n'aurais jamais cru possible de trouver des mots à poser sur ma douleur, pour m'aider à mieux la comprendre ; il a fait ça après sa mort. Ses mots me soignent, et je me permets pour cette raison de rajouter la note que vous lisez à présent. Il me semble indispensable de vous transmettre la fin de l'histoire, de compléter le récit. Il ne pouvait pas prévoir le suicide de Takako, je me devais de vous en informer, même si ma peine n'est plus mesurable.

Concernant le cadeau qu'il devait lui offrir, il m'avait confié qu'elle souhaitait une demande en mariage. Il avait peur de s'engager avec elle, compte tenu de son état de santé précaire. Je comprends qu'il n'ait pas eu la force de lui demander clairement de l'oublier, car l'amour va souvent contre la raison. Je ne juge pas, ils devaient s'aimer coûte que coûte ; une relation doit-elle être longue pour avoir le mérite d'exister ? Leur amour n'aura duré que quelques mois, mais nous en garderons une trace durable avec ce récit. C'est une façon indirecte de prolonger leur vie, et d'en saisir le message.

Je culpabilise de lui avoir rendu la vie si dure pendant le seul moment où il était en bonne santé, mais pour me rattraper, je vais essayer de me soigner, aller mieux, ne pas répéter les erreurs commises après la mort de ma tante Itsuko, publier ce récit, et si vous le lisez à présent, c'est que j'aurai réussi. Qu'il fasse office de mémoire pour les personnes qui ont cru aux mensonges de l'arme atomique, et pour les autres. Aussi, je reprendrai bientôt mon nom japonais, il est temps de grandir, Billy, c'est ridicule. Avec ma contrebasse, je continuerai de jouer pour les victimes que personne n'entendait le six août 19XX. Désormais, elles auront leur écho, elles cesseront de résonner dans le vide, même si l'horreur peut paraître repoussante.

Parce qu'il y a une bombe nucléaire au dessus de chaque tête, l'apocalypse n'est jamais loin, et personne ne semble en avoir a conscience.

Qui peut concevoir l'inconcevable ?

Tsuneo aimait dire en parlant de l'homme : « Il s'est donné les moyens de sa propre fin, et il en rit encore. »

Je conclurai sur cette pensée.

À Takako, à Tsuneo, et Itsuko.

Billy

Table

Première partie 1945 5

Sourire d'enfant et oiseau d'argent.............................7

Tsuneo et le rire 23

Aller quelque part 35

Deuxième partie 1965 39

Merveilleuse Hiroshima 41

Le mal nécessaire 53

Les feuilles, l'automne..61

Une ville la nuit 67

Le temps s'étire 87

L'image, et ce qu'on en fait 91

Le carnet..97

Disque et ficelle...105

Le reflet nu...113

Mille grues s'envolent..119

Les manches de son chandail....................................131

Les mauvaises herbes, la mer....................................141

Vague de vagues souvenirs..151

L'insolence de la grue..161

Bel article...169

Troisième partie 1965..183

Le cadeau..185

La corde sensible..191

Le rescapé..199

Le monde tourne 205

Parallélépipède blanc 211

Délié sensible..219

Le souffle de Stan Getz..225

Note de Billy..229

Sources documentaires et bibliographiques......................235

Note de l'auteur..237

Sources documentaires et bibliographiques

Revue internationale de la Croix-Rouge :
- Volume 87 Sélection française 2005 - Le comité international de la Croix-Rouge et les armes nucléaires d'Hiroshima à l'aube du XXIe siècle
- Fritz Bilfinger, Télégramme du 30 août 1945, copie, Archives du Comité International de la Croix Rouge, dossier G. 8/76

Archives INA :
- Vivre à Hiroshima - 06 janv. 1961
- L'atome au service de la paix : l'agriculture, l'industrie et l'énergie - 01 janv. 1955
- La fabrication d'un livre en imprimerie - 17 mars 1966
- L'imprimerie en Limousin - 3ème volet - 07 févr. 1968

Wikipédia :
- Bombardements atomiques d'Hiroshima et Nagasaki
- Légende des 1 000 grues
- Monument de la paix des enfants
- Projet Manhattan
- Sadako Sasaki

Bibliographie :

- « And the river flowed as a raft of corpses », Chad Diehl, ISBN 978-1-4507-1297-2
- « Confession d'un masque », Yukio Mishima, Folio 1455, ISBN 978-2-07-037455-7
- « Hiroshima, fleurs d'été », Tamiki Hara, Babel, ISBN 978-2-7427-6913-1
- « Hiroshima mon amour », Marguerite Duras, Gallimard, ISBN 978-2-07-245193-5
- « Le canari du nazi. Essais sur la monstruosité », Michel Onfray (ouvrage collectif) ISBN 978-2746734111
- « Les fleurs d'Hiroshima », Edita Morris, J'ai Lu, ISBN 978-2-290-30784-7
- « Notes de Hiroshima », Kensaburo Oé, Gallimard, ISBN 9782070445646
- « Pluie noire », Masuji Ibuse, Folio 7074, ISBN 978-2-07-031637-3
- The Spokeman-Review - 12 août 1965

NOTE DE L'AUTEUR

Ce récit ne prétend pas raconter l'histoire d'Hiroshima, mais une histoire à Hiroshima. Mes infidélités aux faits originaux sont nombreuses, comme les anachronismes parfois volontaires. Il s'agit seulement d'une chronique emphatique sur la réalité de la bombe atomique. Mes héros, qui sont en fait des gens ordinaires, sont projetés dans ce triste théâtre, loin des propagandes et des conflits d'intérêts. Le docteur Shigetô a existé, il a exercé comme directeur de l'hôpital de la Croix-Rouge. L'histoire de Tsuneo est inspirée de celle d'un jeune homme, victime lui aussi, ayant cru à l'espoir d'une guérison qu'un journaliste inscrivait sur le papier comme s'il s'agissait d'une généralité. Sa compagne s'est suicidée après le décès de son amour ; elle a effectivement offert un cerf et une biche en céramique au docteur Shigetô avant de mettre fin à ses jours. Billy, tante Itsuko, Hajime M, la femme mystérieuse et les autres personnages secondaires sont sortis de mon chapeau de romancier, même si leurs histoires auraient pu être vraie.

N'oublions jamais que ce désastre peut se reproduire n'importe où, et plus fort encore. J'écris donc à ceux qui pensent que la bombe atomique est utile. Je leur envoie mon cri pour qu'ils ouvrent les yeux et comprennent qu'il s'agit peut-être de leur propre mort dont il est question.

L'histoire nous a prouvé par deux fois qu'une

démocratie pouvait lancer une arme nucléaire sur une population civile. Certes, durant ces années, la folie meurtrière atteignait des sommets, le monde était saturé de violence. Bien d'autres nations ont décidé de se doter de cette arme absolue en prônant raison et nécessité dans leurs discours. Mais quoi d'absolu à posséder une arme qui, s'il l'utilise, voue son posses-seur à subir une réplique similaire, voire aggravée, c'est l'escalade. La dissuasion n'est tenable qu'entre gens raisonnables ; mais l'est-on ?

Depuis Hiroshima, le monde a changé, mais la flamme de la paix brûle encore vigoureusement au Parc du Mémorial de la Paix à Hiroshima à l'instant où j'écris ces lignes. Cela signifie que l'on a pas encore aboli toutes les formes d'armes nucléaires. Je hurle alors de peur, pour mes enfants et leurs enfants. Parce que l'humanisme doit se placer au-dessus des clivages, et tout dépasser. Cela est possible, j'en suis convaincu, et la première étape vers un homme de paix sera franchie lorsque les armes nucléaires cesse-ront d'exister. J'espère ainsi contribuer, avec mes faibles moyens, à la manière du docteur Shigetô, pour que la paix devienne un droit et non un hasard de circonstance.